谨以此丛书献给 **25** 年来所有参与本课题研究的老师们！

脑科学·思维·教育 丛书

观察·阅读·写作

——小学作文整体教学与思维训练

马芯兰

◎主编

教育科学出版社
·北京·

一项有战略意义的研究

全面实施素质教育是为了适应现代社会对人的素质的需要，也是为了适应现代社会中人的自身发展的需要。提出提高人的全面素质，当然是针对原有教育模式中存在的不全面的地方，这些不全面的地方主要是指对培养人的创新精神和实践能力重视不够。因此，改革人才培养模式，加强对人的创新精神和实践能力的培养就成为实现全面素质教育的重要课题。

培养创新精神的关键是培养人的创新思维，而这一过程实际是开发人的潜能，特别是开发人的大脑潜能的过程。 现代脑科学的研究已越来越被各国政府和科学家所重视，因为从某种意义上说，一个国家的综合国力取决于经济实力，经济实力取决于科技实力，科技实力取决于创新实力，创新实力取决于人才实力，而人才实力则取决于人脑功能的开发水平。因此，加强脑科学的研究以服务于人脑潜能的全面开发就成为综合国力竞争的有战略意义的重点。

我国著名教育家温寒江同志，多年以来，以其深厚的教育理论素养和丰富的教育实践经验，根据脑科学研究成果指导了形象思维的研究与教育改革实验，并取得了重大进展。近几年，又将脑科学应用于基础教育中培养创新精神的理论与实践的研究，取得了可喜成果，这部丛书就是这一成果的展示。本丛书凝聚着许多优秀教育工作者进行的理论与实践探索的心血与智慧，无论对全面教育改革，还是学科教学论的发展，都会产生重要的影响。

我衷心希望，培养创新精神的研究会有助于教育的创新，会有助于从更深的层面上理解和实践全面素质教育的深刻内涵。

陶西平
2010 年 3 月

一、教育的困惑

新中国成立 60 多年来，我国教育事业有了很大的发展，取得了巨大的成绩。但是，我们也看到，当前中小学课堂教学相当普遍地存在枯燥乏味、抽象难懂、死记硬背、高分低能的现象。教育还不能适应经济社会发展的形势，还不能适应国家对人才培养的要求。问题的症结在哪里？教育理论是否存在缺失？教学改革路在何方？对此，我们常常感到困惑。

二、脑科学的启示

20 世纪 70 年代末至 80 年代，是思想解放的年代。在对教育问题的思索中，有几件事情对我们的影响是深刻的。首先，《毛主席给陈毅同志谈诗的一封信》发表后，在毛主席肯定形象思维的鼓舞下，文艺界展开了新中国成立以来第三次关于形象思维的大讨论，对形象思维在文艺中的作用，文艺界取得了比较一致的认识。其次，我国著名科学家钱学森，大力提倡形象思维，把形象思维作为人类思维的基本方式之一，并建议把形象思维作为思维科学研究的突破口。最后，美国心理学家斯佩里（R. Sperry）对裂脑人的实验研究，揭示了大脑两半球功能的不对称性和右半球的许多高级功能，获得了1981年诺贝尔生理学或医学奖。

裂脑人的实验成果表明，人们可以用语言（概念）来思维，也可以用非语言的表象来思维，从而打破了行为主义心理学研究行为而不研究意识（思维）的禁区，也打破了"只有唯心主义者……才能谈到没有语言的思维"（斯大林语）的神话，大大解放了人们的思想。

斯佩里的裂脑人实验和钱学森的倡导，使我们对教学改革的思索，聚焦到脑科学、思维、教育这三者的结合上来，以脑科学的新成果为依据，探索一条教学改革的新路。

脑科学和教育科学是两个不同领域的学科，脑科学成果在教育中的应用，要找到结合点或切入点。我们选择的切入点是"思维"。因为思维既是脑科学的重点研究内容，又是学习科学的核心。思维是这两个学科最大的共同点。这样，我们的课题就直接把脑科学关于思维、表象、记忆、语言学习等重要研究成果，同中小学的各科教学、同人的全面发展联系起来了。

我们的课题是北京市哲学社会科学"八五"、"九五"、"十五"、"十一五"规划重点课题。"八五"课题名称为"开发右脑，发展形象思维的教学实验与研究"，"九五"、"十五"为"发展形象思维的理论研究与教学实验"，"十一五"为"学习中思维的全面、协调和可持续发展研究"，总称为"学习与思维"。1998年春，我们有幸向李岚清副总理汇报课题研究的进展和阶段成果，李岚清副总理对课题研究的充分肯定和重视，使课题组全体成员受到莫大的鼓舞。

三、时代·问题·目标

(一)问题

马克思说：问题就是公开的、无畏的、左右一切个人的时代声音。

我们正处在建设富强民主、文明和谐的社会主义现代化国家，实现中华民族伟大复兴的时代。我们又处在人的思维方式、社会媒体深刻变革的时代。

处在这样一个伟大的时代，我们怎样把握教育的问题？当前教育存在的问题是什么？在课题开始时，我们并不十分清楚。其原因正如古诗所说，"不识庐山真面目，只缘身在此山中"。随着研究的深入，特别是"十一五"期间，在科学发展观的指导下，我们开展学习过程中思维全面、协调、可持续发展的研究，对当前教育存在的主要问题感到清晰了。概括起来，可以从教学实践和学习理论两个方面来说。

在实践上，课堂教学相当普遍地存在四种现象：枯燥乏味，抽象难懂，死记硬背，高分低能。

在理论上，可以从以下四个方面进行阐述：

（1）从学习与发展的内涵来说，人的全面发展（德、智、体、美）内在联系的机制是什么？为什么说科学与艺术是相通的？

（2）从学习与发展的顺序来说，学习从已知到未

知，新旧知识（技能）内在联系的机制是什么？（目前国外有多种学习迁移理论，但没有统一的学习迁移理论）

（3）从学习与发展的层次来说，技能、能力、创新能力内在联系的机制是什么？能否培养中小学生的创新能力？

（4）从学习与媒体的关系来说，当代信息技术迅速发展，信息技术（网络、多媒体）如何同学科教学整合？

这四个问题是教育理论的基础性问题。这几个问题解决了，学习的其他一些重要问题，如认识活动与身心发展、知识的理解、学习的效率、学习可持续发展等问题，也就比较容易解决了。

我们的研究表明，上述当前教育存在的问题，其根源在于忽视思维或思维的片面性。

（二）目标

课题研究有以下三个目标：

（1）全面发展思维；

（2）教会每一个学生，使学习可持续发展；

（3）培养能力、创新能力，让青少年智力得到最佳发展。

四、教学必须深入改革

20多年来，课题研究以马克思主义认识论和科学发展观为指导，以脑科学的新成果为依据，全面发展思维，深入教学改革，探索一条教学改革的新路——教学改革的回归与创新。

所谓"回归"，我们认为，当前教学的改革，应从各种忽视思维、脱离思维的学习理论及其影响中，回到学习的基本命题即学习与思维上来。正如温家宝同志所指出的：“教学改革还要回到学、思、知、行这四个方面的结合，就是学思要联系，知行要统一。”所谓“创新”，就是学习落实科学发展观，以思维的全面、协调、可持续发展为核心，走学习可持续发展、最佳发展的创新之路。

五、改革的思路、方法与成果

我们研究的思路是：在学习过程中，开发大脑潜能（开发右脑）—发展形象思维—思维的全面发展—思维的全面协调可持续发展—学习的可持续发展。通过发展思维，把教育与脑科学有机地结合起来。

我们研究的基本方法是：理论结合实践，我们采取边研究边总结的方法，把理论研究和教改实验结合起来。理论研究的成果为教学实验提供依据，学校改革实践又检验与丰富了理论研究的成果。

20 多年的研究与实验取得了丰硕的成果。

（1）我们在理论结合实践下，用中国的学术话语，解决并回答了当前教育存在的上述问题，完成了课题研究的目标。

（2）编辑出版了 40 多本理论研究与教学实验的成果，其中有总课题出版的专著、论文集 31 本，实验学校出版的专著、校本教材 12 种。

《脑科学·思维·教育丛书》是从上述课题成果中精选出来的研究成果。

课题的研究工作得到了中央和北京市教育部门的领导，得到了北京市社科联、北京市哲学社会科学规划办公室、北京教育学院、北京市教育学会的关心和大力支持。清华大学美术学院教授、博士生导师史习平先生听闻"学习与思维"课题25年研究成果选集出版在即，特为此治印祝贺。在此，谨对为本课题的研究、实验、出版给予关心、支持和帮助的领导、专家、学者和有关工作人员致以衷心的谢意！

本丛书由北京市社会科学理论著作出版基金资助出版。

温寒江

2014 年 12 月

　　《观察·阅读·写作——小学作文整体教学与思维训练》与您见面了，这是"发展形象思维的理论研究与教学实验"课题研究的重要成果，是对《观察·阅读与小学生作文》一书的修订。

　　北京市朝阳区实验小学作为这一课题的实验学校，多年以来在温寒江先生的指导下，锐意改革，把思维培养放在教育教学的中心，充分发展两种思维（形象思维和抽象思维），注重人的个性、学习能力、创新能力的发展与培养。

　　本书针对写作教学中存在的不重视观察、忽视形象思维训练、缺少作文训练的整体观的问题，运用两种思维和系统论思想，结合语文学科特点改革小学作文教学，提出了"以观察为主线、阅读为基础，基本训练与综合训练相结合的小学作文训练体系"的构想。它着重阐述了两个基本观点。

　　第一，强调作文与观察、阅读的关系。为什么说"观察为主线"呢？其一，写作表达的是一个人的所见、所闻、所想，而观察无疑是写作的源泉。其二，写作也表达一个人的情感，情与景是联系的，情感只能来自生活体验，并且是个性化的。为什么说"阅读为基础"呢？其一，人们在观察中不断积累表象，慢慢形成或提炼出来一种思想、一份情感，要把头脑中的思想、情感表达出来，就要通过说、写，就要遣词造句、布局谋篇。其二，要会表达，就要向他人学习，积累词汇，练习句法，学习写作方法，这就需要阅读。其三，有了一定生活经历之后，阅读能增长知识、开阔视野、发展思维、丰富思想感情。

观察主要解决写作内容的问题，即"写什么"的问题。阅读主要解决写作的形式与方法的问题，即"怎样写"的问题。当然，阅读能开阔视野，增长知识，丰富思想感情，也能解决"写什么"的问题。所以，观察与阅读既有区别又有联系。

第二，强调写作训练是一个整体。从认识过程来看，先有观察、听、读，后有说、写。观察、听、读与说、写是相互联系、相互促进的一个整体。从一篇文章来说，字、词、句、段、篇是一个整体。句子由字、词组成，段由句子组成，而篇又由段组成。

从学生学习过程来看，小学六年是一个整体，体现了学生生活积累的过程、思维发展的过程，也体现了写作训练由简单到复杂、由单项到综合的过程。

本书依据语文学科特点，从大量的作文实践中归纳总结出一系列的做法，还提供了较为充实的学生作文与教师简析，是奉献给教师与社会的一园芳香美丽的鲜花。相信这本书一定会给广大教育工作者、学生、家长以新的启发。

在课题研究的过程中，北京市朝阳区实验小学培养和锻炼了一批有一定科研能力的教师，他们努力探索，坚持不懈地进行教学实践，保证了实验的成功，推动了学校教育事业的发展。本书各章节撰写的作者为：第一章，张惠芬、王秀萍；第二章，张琪、王志芳；第三章，毛冉冉、王贺迎；第四章，商雪丽、钟晨；第五章，李晖、朱海霞；第六章，郑淑纪、张秀玲；第七章，张琪、张志宏。陈献华、李岩、屈晓娜、计颖、史屹、王海英、王学俊等完成了学生作文的编辑，张琪负责全书的统稿工作。参与修订的教师有：张琪、钟晨、王新宇、崔英华、刘立红、毛冉冉、王志芳、李东斌、李芳、张红玲、赵瑾。

最后，感谢北京市教育科学规划办公室领导同志以及课题组领导同志的悉心指导与支持，更感谢所有读者的厚爱。

目录

第一章

构建以观察为主线、阅读为基础的小学作文体系

在当今高新技术高度发展的社会，改革的浪潮席卷着全球。它预示着世界经济的竞争将更加激烈。"经济—科技—教育—人才"构成了竞争要素，而其中人才是决定胜负的要素，也是竞争的焦点。培养人才的关键是教育，青少年时期是人才发展的黄金时期，在实施素质教育的今天，提高民族素质是时代赋予教育的使命。

对于学校来说，全面提高学生素质的主渠道在课堂。就语文教学而言，课堂上教什么尤其重要。长期以来，一切教学活动几乎都围绕着考试进行，阅读教学主要让学生学习怎么分段、分层、概括段意、归纳文章的主要内容及中心思想；作文教学也只是着重教给学生文章的写法、结构的安排等。然而，学生作文的内容又从何而来呢？这一根本问题始终未得到很好的解决。针对作文教学中的问题，我们在专家的指导下，进行了几年的实验研究，现将我们的一些想法和做法总结出来，与大家共同讨论。

有关专家做过这样一个调查：请 200 名写作能力较强的高中学生谈谈自己是如何提高写作能力的，他们几乎不约而同地讲到读书、观察，这是他们提高写作能力最重要的因素。

我们在五年级学生中也做了一个调查，请 5 个班的学生结合自己的实际，分别说说提高写作能力的相关因素有哪些。下面是两个班级学生的观点。

五年级（1）班学生认为：

①多读课外书，积累语言；

②多观察身边的事；

③会观察，搜集写作材料；

④掌握写作技巧；

⑤勤练笔，积累写作素材；

⑥善于学习他人在写作方面的经验。

五年级（4）班学生认为：

①认真观察生活，掌握观察方法；

②多读书；

③积累语言，如成语、优美的语句；

④勤练笔；

⑤掌握写作方法；

⑥具有想象能力，使习作内容更精彩；

⑦修辞方法的灵活运用；

⑧同学之间互相交流写作经验。

我们的学生也同样把观察与阅读放到了提高写作能力的前两位。在五年级 5 个班的 166 名学生中，把观察放在首位的有 75 人，把阅读放在首位的有 42 人，认为观察与阅读同等重要，都应放在首位的有 58 人。也就是说，大多数的学生认为，提高写作能力最重要的因素就是学会观察，加强阅读与积累。

由此，我们可以得出这样一个结论：以观察为主线、阅读为基础是进行作文教学改革最有效的方法，是提高学生写作能力最有效的途径。

一、以观察为主线、阅读为基础

（一）为什么说观察是主线

1. 观察被人们称为"智力的门户"

观察是一种有目的、有计划的认识过程，也是人们对客观存在的现实生活产生认识的一种主动形式。观察能力，就是有目的地、全面地、敏锐地、有顺序地感知事物的能力。观察能把握住事物的特征，并能了解有关事物之间的变化、联系。因此，观察绝非是消极的注视，它伴随着积极的思维。观察活动是知觉、思维和语言的统一的智力活动过程。写作，是表达一个人的所见、所闻、所想，而观察是一切写作的源泉。俄国作家契科夫说："把观察一切、注意一切当作一个作家的本分。"鲁迅也曾说："作家写出创作来，对于其中的事情虽然不必亲历，最好是经历过。"他在《给董永舒》结尾处写道"此后如要创作，第一须观察……"，强调了观察在写作中的重要性。我们读巴尔扎克的作品，总感到他的作品非常贴近生活，让人觉得很亲近。上至王公贵族，下至平民百姓，从资本家到工人，他都刻画得栩栩如生，非常真实可信。为什么会有这样的效果呢？他又是如何来了解和把握所要描写的对象呢？这一切，皆源自他采用了一种很特别的观察生活、深入生活、体验生活的方法，这种方法使他最真切地了解所写人物的最真实的状况，如此写出的作品自然真实可信。

教会学生正确的观察方法，教给学生有关的观察知识，培养学生一定的观察能力，使学生养成良好的观察习惯，是提高小学生写作能力的重要途径。科学的观察是一种思维活动，也是一种有目的、有计划、比较持久的借助各种感官接受外部信息的心理活动，它是儿童认识世界的第一来源，也是儿童阅读和写作的源泉。指导学生有目的、有计划地去观察，就如为儿童打开了一扇扇知识的窗口。他们了解了周围世界的许多自然现象、生活现象，随着这些现象在头脑中的不断积累和深化，他们的思维也随之一天天得到发展。在著名教育家苏霍姆林斯基的作文教学体系中，写作能力培养也是和观察能力、思维能力的培养融为一体的。他曾经在自己的著作中公开推荐他所领导的巴普雷中学 1～10 年级的 233 个作文题目。从这些题目可以看出，他不仅把作文看成落实语文基础知识和基本技能学习的手段，而且将其看成是发展学生智力、丰富学生精神生活的重要途径。在 233 个作文题目中，数量最多的是"写生"性质的观察作文题目（共有 166 个，约占总数的 70%）。苏霍姆林斯基认为传统的作文教学存在着语言脱离思维的重大弊病。"学生日复一日、年复一年地重复着别人的思想，却没有表达自己的思想"，他们所写的，"是一些硬挤出来的、笨拙的、背诵下来的句子和词组，它们的意思连儿童本人也是模糊不清的"。因此，他主张一开始不让学生写记忆性的命题作文，而是写观察作文，进行"事物写生"。他认为学生观察实物易于形成鲜明的表象，产生写作的激情，也有助于独立地思考事物之间千丝万缕的相互联系。所以说，对事物进行观察，是学生获得知识的重要手段，也是写好文章的源头。观察是学生认识世界的途径，也是提高学生写作能力的必由之路。

叶圣陶先生说："生活如泉源，文章如溪水，泉源丰富不枯竭，溪水自然活泼地流个不歇。"学生缺乏多姿多彩的生活，所以写作时只能"咬笔杆"。陆游说："尔果欲学诗，功夫在诗外。"这诗外的功夫就是对生活的体验、感受和认识。因此，应该让学生走出课堂，走向社会，去感受生活、体验生活、认识生活，还要尽量让我们的教学过程贴近生活。也就是说，学生好的作文来自对生活的体验与感悟。在广阔的、繁杂的、充满生气也蕴藏矛盾、不断变幻的生活中，有取之不尽的素材，谁能做生活的有心人，谁就能写出真情动人的作文。所以，作文教学在充分重视阅读的基础上，要把引导学生观察作为主线，不仅注意指导学生留心观察、细致体会，更要强调怎样进行细致观察与体验，告诉学生怎样和生活亲密接触。让学生把眼睛当作"照相机"，把耳朵当作"录音机"，调动所有的感官去观察、感受，同时，还要学会用心灵去感悟。

2. 作文是最具个性的

古语说：文如其人，言为心声。人在学习能力、方式、习惯上的差异是很大的，反映在作文上，应该各有特色。即使是对同一事物，兴趣不同、能力不同、认识方法不同的人，其感受也不同，写作应该是大异其趣的。只有养成观察、思考的习惯，学生才能在习作中有内容可写，才能真正做到"我笔写我心"，即用自己的笔写出自己看到的、听到的、想到的内容，才能杜绝作文中说大话、说空话、说套话乃至说成年人的话等怪现象，才能在作文中表达自己的真情实感。

写作也表达一个人的情感，情与景是联系的，情感只能来自生活体验，并且是个性化的。如果学生对周围世界缺乏认识而要去表达、反映他们的情感，这是不可能的。有所认识，才能有所表达。有些学生在写作文时之所以空洞无物，没有自己的真实情感，主要源于缺少对周围生活的观察，没有自己真实的感受。因此，要重视观察，培养学生的观察兴趣，教给学生观察的方法，要让学生通过观察提高思维能力、语言表达能力。苏霍姆林斯基认为，在观察中，每个学生总是用自己的眼光来看待事物之间的成百上千种联系，所以，每个人的思想不会雷同，他的语言表达必定"带有深刻的个性"，"具有自己的独创性"。简言之，观察能够使学生产生"鲜明的思想"、"活生生的语言"和"创造精神"。为什么曹雪芹写出了传世佳作《红楼梦》？这不仅和他生活的年代有关，和他丰厚的文学修养有关，同样与他对那个时代独特的、深刻的认识、理解和感受有着直接的关系。因此，我们可以这样说，观察是一切知识的来源，是阅读与写作的基础。如果每个学生都学会观察，并且在观察中获得独特的感受，那么每个学生都会有话可说，都能在习作中写出自己不同的感受，真正做到"我手写我口，我笔写我心"。

（二）为什么说阅读是基础

1. 从阅读中学习写作方法

人们在观察中不断积累表象，慢慢形成或提炼出来一种思想、一份情感，要把这种思想、情感表达出来，就要通过说、写，就要遣词造句、布局谋篇。能够熟练地遣词造句、布局谋篇，就要向他人学习，积累词汇，练习句法，学习写作方法，这就需要阅读。

一个人能说不能写，始终给人以缺乏深厚功底的感觉，然而底蕴并非一日之功，要引导学生从小想写、乐写，指导学生会写、善写。小学和中学属于基础教育阶段，而小学教育又是基础中的基础。小学语文要求学生必须具备"听、说、读、写"的基本能力，掌握"字、词、句、篇"的基本知识。无论是基本能力，还是基本知识，最后的落脚点都是作文，最终目的是能写出像样的文章。那么，如何使阅读教学为作文教学服务呢？正像冰心老人所说的："语文是一门基础学科。学好了语文，我们才会读书看报，才会写信写日记，才会写好作文。"由此看来，阅读教学为作文教学奠定了雄厚的基石。

那么，阅读与作文之间究竟有什么联系呢？叶圣陶先生说："语文教材无非是个例子，凭这个例子要使学生能够举一反三，练成阅读和作文的熟练技巧。"由此可见，课本是学生写作文的模子。学生以这个模子来仿写，来吸收营养，学习遣词造句、布局谋篇等技巧，加强语言文字的训练。可以说，阅读教学为指导学生写作文提供了条件。作文离不开阅读，教师要指导学生把在阅读中学到的技巧、写作方法以及字、词、句运用到作文之中。

中国作家协会会员、著名科普作家叶永烈说："我看小说时，旁边常放着一个小本，遇上精彩的句子或辞藻，就随手记下来。小本的扉页上写着：行文用字，应该是平字见奇、常字见险、陈字见新、朴字见色。我把这句话当作座右铭。我分门别类摘抄词句，如名言、名诗、名词、写景、写物、谚语、成语。我把自己编的，仅给自己看的这本资料，称为'小辞源'。至今，我仍保存着它，写作时要用到它。"可见，大作家的作品之所以精彩，是与他们的阅读积累分不开的。可以说，无论是谁，没有阅读，没有积累，就没有写作。

2. 阅读能增长知识、开阔视野、发展思维、丰富思想感情

有了一定的生活经历之后，阅读能增长知识、开阔视野、发展思维、丰富思想感情。"写文章不是生活的点缀和装饰，而就是生活本身。一般人都要识字，都要练习写作，只是为了使自己的生活更见丰富，更见充实。"叶圣陶先生的话准确地点出了写作的本质：写作应该是满足生活发展的需要，满足"言志"、"抒情"的需要。

阅读是从书面语言符号中获取意义的过程，是搜集处理信息、认识世界、发展思维、获取审美体验的重要途径。其核心是理解，主要目标是获取信息。没有理解的阅读算不上真正的阅读。众所周知，听、读是基础、是关键，阅读是培养语感的主要途径。言为心声，阅读不是单向输入，而是心灵的对话和交融。平日许多零星、散乱的生活体验都会在阅读过程中自觉不自觉地被文本的语言所唤醒。如学习《观潮》，在弄清作者是按时间顺序观察潮来前、潮来时、潮来后的情景的基础上，教师要引导学生按由远及近的顺序想象画面中潮来时的情景以及观潮时人们的心情，让钱塘江大潮壮观的场面重现于学生眼前，使学生从心里发出感叹：钱塘江大潮不愧为——"天下奇观"，从而激发学生对大自然的热爱之情。

《义务教育语文课程标准（2011 年版）》（简称《语文课程标准》）指出："阅读教学应注重培养学生感受、理解、欣赏和评价的能力。"评价能力往往是在阅读过程中提升的。如学习《跳水》一课时，学生对课文预习后，教师可提出这样的讨论问题："船长让儿子跳水，难道他不怕儿子淹死吗？你有什么好办法救船长的儿子？"让学生畅谈救船长儿子的种种假设，再让学生联系课文内容，多角度比较，最后认识到：事情发展到现在，时间就是孩子的生命。此

时，教师还可进一步提出问题："在这千钧一发的危急时刻，用什么办法才能使孩子脱险？"——"跳水"。此时教师应让持异议的学生说一说推翻原来想法的理由。这样既探寻了学生的思维过程，又使其准确、深刻地理解了课文原意，从而培养了学生的思维能力。

（三）观察、阅读与写作的关系

1. 观察主要解决"写什么"的问题

观察主要解决"写什么"的问题，即作文内容的问题。生活是丰富多彩的，我们周围有各种各样的人和事，观察对象数不胜数、千姿百态，只有凭借细致的观察、周密的思考，才能领略其中的美妙。对于生活中许多有意义、有趣味、引人深思的小事，如果不善于观察，不具备观察能力，我们就不容易注意到，自然就会感到作文没内容可写了。我们要引导学生做生活的有心人，随时注意观察。美国心理学家奥苏伯尔认为，要生产有意义的学习，学习材料本身必须有意义。作文的有意义材料，则是生活本身，因为"语文天然是与生活联系在一起的"，"语文一旦与生活联系，马上就生动活泼起来"。（刘国正语）所以，学生写作离不开观察。通过观察，进行表象的积累，并从中提炼、充实写作的内容，这是直接的写作手段，是符合学生认识规律的。

2. 阅读主要解决"怎样写"的问题

俗话说"读书破万卷，下笔如有神"，这句话实际上揭示了阅读与写作的关系。这一传统的学习语文的经验，至今对我们的阅读与写作教学仍然具有借鉴作用。《语文课程标准》明确指出，义务教育阶段的语文课程，应使学生初步学会运用祖国语言文字进行交流沟通，吸收古今中外优秀文化，提高思想文化修养，促进自身精神成长。理解祖国语言文字主要通过阅读，运用祖国语言文字主要通过写作。在语文教学中，阅读是从外到内的吸收，是积累语言材料的过程，犹如蜜蜂广采百花，是以理解为核心的语文训练；而写作则是从内到外的表达，犹如蜜蜂酿蜜，是以运用为核心的语文训练。没有吸收，就无法表达，吸收多了，表达才有选择的余地。学生只有从阅读中获得了丰富的语言材料，写作时才能"下笔如有神"。从这个意义上说，阅读是作文的基础。教师只有将阅读与写作在教学上融合起来，阅读中指导写，写作中促进读，才能使语文教学事半功倍，有效地提高学生阅读与写作的能力。

另外，从阅读的心理作用上看，它还是作文训练的教学手段。鲁迅先生说过，好的作品里面就全部标明着"写什么"和"怎么写"。文质兼美的课文以最真切的语言表达形式，指导学生立意构思、布局谋篇、遣词造句……无论是教材中所选的课文，还是优秀的课外读物，都值得学生去学习、借鉴。有的文章选材好，有的文章立意巧，有的文章想象奇妙，有的文章描写活灵活现，有的文章议论精辟，有的文章观念新颖……一篇篇文章，就是一篇篇习作的例子，为学生提供了写作借鉴的范例。因此，教师在指导学生阅读文章时，应在理解的基础上，着重从运用的角度引导学生去揣摩、体会、归纳作者的创作思路，使学生不仅能从中获得大量的写作材料和写作方法，而且能产生诸多新颖的观点和独特的认识。

当然，阅读能增长知识、开阔视野、发展思维、丰富思想感情，也能解决"写什么"的问题。观察与阅读既有联系又有区别。

二、写作练习是一个整体

（一）观察、听、读与说、写是一个整体

从认识过程来说，先有观察、听、读，后有说、写，观察、听、读与说、写是相互联系、相互促进的一个整体。听、说、读、写是学生语言水平的思维操练，是语文学科实现学生思维能力转换的最基本的实践形式。听、读的过程，是以理解他人思想为核心的思维过程，从对语言的感知到对文章内容的本质理解，再到对文章内容及形式作出评判，其间要经过一系列的、多层次的再造想象与分析、综合等思维过程。说与写的过程，是以表达自己的思想为核心的思维过程，以语言的形式把这种认识表达出来，其间也要经过一系列的、多层次的分析、综合等思维过程。没有前面的观察、听、读，就没有后面的说、写，两者是不可分割的。因此，在语文教学过程中，我们既要重视对学生进行观察、听、读的训练，又要重视说、写的训练。这样才能使学生提高语文能力、语文素养。

（二）字、词、句、段、篇是一个整体

从一篇文章来说，字、词、句、段、篇是一个整体，句子由字、词组成，段由句子组成，而篇又是由段组成。我们在进行语文阅读教学时，有一种说法叫作：字不离词，词不离句，句不离段，段不离篇。也就是说，在学习一篇文章时，在词中解字、句中解词，即联系上下文理解词义；同样，理解了每一段，才能准确把握全篇文章的主旨。理解文章是这样，写作同样是这样。学生要先学会字、词，然后学会写句子，将句子写通顺、具体，再过渡到写段落，进而写好一篇文章。这是一个循序渐进的过程。写作教学非常讲究由易到难、由简单到复杂，学生写作的篇幅也是由短到长，这是规律，也是常识，是不可违背的。

（三）小学六年是一个整体

从学生学习过程来说，小学六年是一个整体，体现了学生生活积累的过程、思维发展的过程，也体现了写作练习由简单到复杂、由单项到综合的过程。也就是说，小学六年的写作教学过程应该是一个教学系列，每个年级段有每个年级段的任务，每个年级段也应该有相应的要求，体现出学生习作水平发展的梯度。这个渐进的过程超越了由词到句、到段、到篇的过程，而是一个由简单到复杂、由分析到综合的过程。同样是写一个景物——低年级学生只要写出他所看到的简单的事物就可以了；中年级学生就需要观察得更具体，从多方面、多角度去观察，写出的习作要更具体、更形象；而高年级学生，不但要从多方面、多角度写出所听、所看，还应写出所想、所感。不同年级、不同年龄的学生因其生活积累不同，思维能力不同，写出的习作必然不同，低年级学生只能反映现象，而高年级学生就有可能反映本质。这也正是从易到难、从简单到复杂、由部分到整体的过程。

第二节
传统作文教学存在的主要问题

传统教学中的写作教学有其优势，注重了学生写作能力的培养，但也有其不足，主要表现为忽视形象思维，忽视观察，忽视阅读与积累。

一、忽视形象思维与观察

（一）不重视观察

从前些年的四省市版小学语文教材①看，三至六年级的作文安排中，共有 48 篇作文练习，其中看图作文 11 篇，实际观察 13 篇，其余 24 篇都是命题或半命题作文，占了小学阶段所有作文的 50%。从 24 篇看图作文和实际观察文的安排可以看出，编者虽然也注意到要给学生以形象的东西，要让学生在生活中去观察，但是我们觉得学生的观察是远远不够的，没有抓住在小学阶段学生是以形象思维为主的这一条主线去安排和组织教材。

另外，那时候几乎所有名家的作文指导，优秀教师的作文教学经验介绍，注重的也都是写作技巧，如怎样审题、怎样确定作文的主题、突出主题的方法、怎样选材、怎样分段、怎样列作文提纲、怎样写好作文的开头及结尾……唯独把学生写作最重要的需求——观察与积累忽略了。我们想一想，学生不会观察，没有养成观察的好习惯，生活中的点点滴滴就都成了过眼烟云，那么学生的习作也就成了无源之水、无本之木，当然是没有生命力的，也就不会写出真情实感。

小学生的生活虽然是简单的，但同时也是丰富多彩的。从观察

---

① 这里是指由上海、浙江、北京、天津四省市小学语文教材联合编写组编写的全日制六年制小学语文教材，简称四省市版小学语文教材。

的角度看，学生的学习生活、家庭生活、娱乐、兴趣……都是可以观察写作的对象。以学生的学习生活为例，学生每天在学校要上若干节课——语文、数学、音乐、美术、体育、手工、电脑、英语等，这里面有学生非常感兴趣的课程，有学生比较感兴趣的课程，也有学生不太感兴趣的课程，而每一节课又都要学习不同的内容，如果指导学生像达·芬奇画鸡蛋一样，写出每节课的不同，学生的观察能力会有极大的提高。另外，学生要接触多位教师，其中有学生非常喜欢的教师，有学生比较喜欢的教师，也有学生不太喜欢的教师。如果学生能学会观察每一位教师的言行举止，了解每一位教师的特点，那么，学生笔下的人物一定会栩栩如生。因此可以说，观察不但是学生写作内容的源泉，也是学生写作的基础，是一项极为重要的基本功。

不可否认，教材对学生的写作（语言、结构、方法等）提供借鉴的范本，但这代替不了学生思维，也代替不了学生描绘社会生活时所需要的各种丰富的知识。这丰富的知识来源于一本无字的书，那就是生活。另外，教材安排作业虽然也设计观察，但只是浮于表面，而没有深入，没有形成序列，没有教会学生去观察、去寻找作文的源头活水。因此，我们应该在作文安排上加大观察作文的比重，提高学生的观察能力。

（二）忽视形象思维的训练

现代脑科学把思维分为形象（直观）思维和抽象（逻辑）思维。形象思维是凭借表象或形象进行的思维。它具有思维的一般特征。形象思维与抽象思维的根本区别在于它不是凭借抽象的概念而是凭借具体的表象来思维。但是，形象思维并不是头脑中原有表象的简单再现，而是通过形象地概括来反映客观事物的本质。形象思维的产物既是具体的、生动的，又是高度概括的，反映着事物内在的本质和规律。形象思维主要包括表象、回想、联想、想象、情感等因素。作文教学可以说与培养学生的形象思维息息相关。学生观察到的东西都是形象的、直观的，学生把这些直观的东西用文字表达出来，必须依靠再造想象；学生要想把作文写得生动、形象，则需要联想，需要丰富的情感。许多童话故事不都是凭借作者丰富的想象力创作出来的吗？

广而言之，文学作品也是要靠形象思维的。小学生的习作虽然不是文学创作，但同样需要形象思维。过去的语文教材忽略了这一点，几乎没有这方面的训练，甚至可以说，在培养学生想象力方面，我们的作文教学几乎是个空白。

从某种意义上说，想象力就是创造力，一个缺乏想象力的民族就是缺少创造力的民族。中国的基础教育是举世瞩目的，在国际奥林匹克数学大赛中，中国选手总能取得骄人的成绩，但是，为什么土生土长的中国人拿到世界大奖的人数很少呢？这不能不说与我们从小培养学生的想象力、创造力不够有直接的关系。其实，我们中华民族并不缺少创造力与想象力。中国四大古典文学名著之一的《西游记》就是作者凭借丰富的、非凡的想象力创作出来的，可以说，它绝不逊色于世界上任何一部优秀的文学作品。今天，我们的作文教学也应该补上这一课。

（三）用"看图"代替观察

在低中年级的作文教学中，我们应该重点培养学生的观察力和想象力。近几年编排的教材虽然注意到了这个问题，但是以"看图"代替了观察生活。在京版1~4册小学语文教材①中，对学生进行写话训练的内容中，有13篇看图写话，而实际观察写话只有4篇，即观察学习用品、观察一盆花、观察小动物及找春天。在学生两年的学习生活中，只安排4篇观察作文，显然是太少了。应该多给学生观察、练笔的机会，让学生在观察中学会观察、学会写作，提高写作能力。

当然观察图画即"看图写话"或"看图作文"也是必要的，但

---

① 这里是指由北京教育科学研究院组织北京各高校知名学者、教育专家、教研员、一线教师编写的全日制六年制小学语文教材，简称京版小学语文教材。文后提到的新版教材是指2001年的京版小学语文教材。

必须选择有价值的图画给学生看。有的图画是比较有价值的。比如，三年级的写作安排中，有四幅连环图，图的大意是：炎热的夏天，一个学生在路边边吃冰棍边乘凉，突然发现从他身边骑车过去的一个大哥哥车架上的书包掉了，而大哥哥没有发现。于是这个学生追上大哥哥，把书包还给他，此时他手中的冰棍已经化了。这幅图安排得就很好，不但对学生进行了思想教育，而且学生在观察图时能展开丰富的想象，想象人物的语言、动作、神态，进而把文章写生动、写具体。可有一些图的意义就不大，如五年级的写作安排中有这样一个看图作文训练，题目是"原来如此"，图画内容比较简单，讲的是学生打乒乓球时互相谦让的事。我们认为这样的图没什么意思。在课间及学生的课内外生活中，同学之间团结友爱的好人好事多极了，为什么不引导学生去观察生活呢？

（四）说话课强调观察不够

在《语文课程标准》颁布后，语文教材有了很大的改变，十分重视培养学生的说话能力及口语交际能力。学生的口头表达能力提高了，这对写作能力的提高也有极大的促进作用。如果学生能把一件事情说得清清楚楚，那么，他也一定能把这件事情写得明明白白。但是，在我们的教材编排中，说话课的练习内容依然缺少观察。例如，新版三年级教材中，12次说话课，只安排了一次"观察玩具"，还有3次说话课的内容虽然与学生生活有关（说说开学以来学校的新气象；介绍自己的寒假生活；说说你喜欢的游戏或小实验），但都没有安排事前有意识的观察，这样的说话课就不如先安排学生观察，再进行说话训练。

（五）习作中缺少观察作文和想象作文

在传统语文教材中，写实作文几乎占据了所有的作文内容。写人、写事、写景、写活动，其实这些都是学生的生活，学生写作时应该得心应手，但是为什么总感到没内容可写呢？原因就在于学生没有养成观察的好习惯，对这些司空见惯的人和事都没有留心去观察，自然觉得没的可写，或者写的内容不够具体。实际上，如果在写作之前，先安排学生有意识地去观察，即让学生写"观察作文"，效果会好得多。或者在低中年级教给学生观察的方法，培养学生养成观察的习惯，使其随时写观察日记，这样，学生也就有了习作素材，不至于感到难以下笔。

前面讲到，传统语文中，"想象作文"几乎是个空白，教材中没有这方面的安排，作文课上，没有这方面的练习，对学生来说，这不能不说是个遗憾。新版教材对"想象作文"进行了补充，这是可喜的。我们认为，教材中不但要有"想象作文"的习作练习题，还应对"想象作文"作出指导，使学生的想象力、创新能力得到有益的发展。

二、 缺乏作文训练的整体观

传统作文教学的一个突出问题是缺乏作文训练的整体观，也就是缺乏作文的系统训练。这主要表现在以下三个方面。

（一）不重视字、词、句、段的基本训练

我们知道，作文是以"篇"的形式出现的，但是，一篇作文的优劣与字、词、句、段有着直接的关系。如果一篇作文中出现很多错别字，谁能说这是一篇好作文呢？ 同样的道理，一篇作文中出现几个病句，它也不会是优秀作文。可以说，字、词、句、段都过关了，这才是一篇好作文。我们的作文教学不能忽视这些基本训练。

以一年级两册教材为例，训练中只有指导学生学写简单的句子，具体内容如下。

第一册练习 1 看图说句子："爸爸是_____。妈妈是_____。"

第二册练习 1 看图说句子："小朋友拍皮球。"

第二册练习 7 看图写句子："早晨，小朋友们做早操。"

第二册练习 8 看图写话："小马过河，河中有鸭子。"

从以上这一年的训练中可以看出，学生从刚开始的说一句话，到几周之后写一句话，这是一个小小的提高；但是，到了一年级最后阶段，与前面相比内容几乎没有什么进展，仍然是写一句话，这未免太低估学生的能力了。一年的时间里，学生的语言能力可以有长足的进步，能够说出不同的句式或稍微复杂一点的句子，经过训练，学生是可以把它写出来的。因此，句子的训练完全可以再提高一大步。

　　按照教材中的编排，学生经过一年"看图写句子"的训练后，到了二年级，第三册练习1是"看图用词组句，加标点符号"，而到了第三册练习3是"看图写话，要求：看四幅图，想一想四幅图说的是什么事，一幅图一幅图地看，用一两句话说说每幅图说的是什么"，从看图只写一句话，一下子过渡到看四幅图写出一段话，跨度太大了，学生可能会感到困难。由于缺少循序渐进的过程，这样大的跨度，就会使部分学生感到手足无措，觉得写作是件很难的事，从而对写作失去兴趣、失去信心。

　　段的训练也是如此。第三册教材开始出现段的训练，第六册教材依旧是段的训练，而且对如何进行段的训练没有提出什么新的要求。也就是说，从二年级到三年级，两年时间用来练习写段，这与一年级用一年的时间训练写句子一样，缺乏训练点的层层深入。到了四年级，又一下子过渡到写篇，这对学生来说，又是一个难题。

　　六年的写作训练应该让学生像上楼梯一样，一个台阶一个台阶地上，最后到达一个阶段的顶点。而实际上，我们的学生却像三级跳一样——一年级在写句子的平台上原地踏步；到了二年级，要有一个飞跃，跃上一个写段的高台；到了三年级依然在写段的平台上徘徊；到了四年级，要跃上一个写篇的高台。这样的飞跃对一般学生来说，确实是很难达到的。由于低年级的写作基础没有打牢，到了高年级，学生仍然感到写作文是件令人头疼的事，这也正是学生普遍感到"作文难"的原因。

（二）不重视课外阅读

学生作文能力不强，与没有认真地、大量地阅读课内外的读物有很大的关系。小学语文教材中虽然收集的都是文质兼美的作品，但是毕竟数量有限。学生的阅读量非常少。刘锡庆教授在谈到"阅读与写作教学"时指出："中国语文落后，与小学六年关系很大，抓得不力，走了不少弯路。小学语文最大的问题在哪里？ 7～15 岁是记忆力最好的黄金季节。这时候记忆力非常好，而理解力稍差，二者相互消长。在这个年龄段就应让他们记忆一些终身受用的东西，不要管他懂多少。""传统文化的精品，应该多背。""现在的情况是对学生的主体地位认识不到位，喧宾夺主；重了课内，丢了课外，学生读的文章有限。以课本为例，教学应做到举一反三，现在是就课本讲课本，举一不反三，与课外脱节。读的文章过少，积累有限，感悟不够。"刘锡庆教授的话真是一语中的，学生的阅读量严重不足，必然影响到写作。作文没有什么灵丹妙药，按照鲁迅先生的经验就是多读、多看、多练习。另外，经典的文章还是要背诵。

（三）各年级之间缺乏科学的训练体系

从传统教材的作文安排上看，整体思路是三年级进行句段训练，四年级进行段篇训练，五年级进行篇章训练，六年级是一次性成文训练。这可以说是形成了一定的序。但我们认为，这个序的安排是缺乏科学性的。实际上，句的训练从一年级已经开始。语文教学任务就是培养学生理解和运用语言文字，学生到了三年级才进行段的训练，那么二年级的教学任务又是什么呢？ 新版教材对此做了调整，一年级进行句子训练，二、三年级进行段的训练，四、五年级进行篇章训练，六年级是一次性成文训练。我们认为，各项训练也还是不够到位的。其实，句子和段、篇的训练是不能截然分开的。篇是段的扩展，有的段落实际上就是一篇完整的小文章，只要教师稍加指导，把小段分成逻辑段写，照样是一篇短小精悍的文章。所以，从二年级开始段的训练为时已晚。实际上，作文启蒙从学生进入学校第一天起，就已经开始了。一年级学生上课学句子，上说话课，教师以形象思维理论指导学生观察，使学生学过的句式在说话课中得到进一步训练，这都为学生作文打好了基础。学生能把要说的一段话写出来，这就已经是段落了，何必要等到二年级才去训练段落呢？所以我们认为，作文教学要解放思想，更新观念，提前到从一年级开始进行作文的启蒙训练。

另外从教材编排看，作文缺乏单项训练。要想提高学生的作文水平，打好基础相当重要。没有作文的基本功训练或训练不够，就让学生写整篇文章，势必会使学生感觉作文难写。比如，教材中没有教学生如何描写场面就要求学生点面结合写劳动场景，学生肯定会犯难。数学课上，学生一个概念一个概念地学，就像上台阶一样，一层一层地上。这种一步一步、一项一项的作文训练太少了。单项练习必须加强，比如，如何写人物的语言、动作、神态、外表、心理活动，如何写好自然现象、四季景色，如何进行场面描写等。

还有教材在安排"写什么"的问题上，限制太多，常会脱离学生的实际，迫使他们去冥思苦想，使得学生的文章漏洞百出。例如，"一件有趣的事"，"有趣"两个字就把学生禁锢住了。如果把"有趣"去掉，中心词让学生自己填写，给他们一些自主的空间，学生就可以写成"高兴"、"可笑"、"烦恼"、"可气"等，思维一下就活跃了。教材还要求学生必须遵循一定的模式，如按什么顺序、活动的意义……学生思维受到束缚，他们的主动性和学习作文的积极性受到压抑，无法开展生动、活泼、主动的学习。这些也应列在作文教学改革之列。

第 三 节
构建小学作文训练新体系

依据语文教学的特点，我们提出运用两种思维（形象思维和抽象思维）和系统论思维改革小学作文教学的思路，构建"以观察为主线、阅读为基础，基本训练与综合训练相结合"的小学作文训练体系。我们认为，没有坚实的基本功，就不会有作文的综合能力，所以我们坚持两方面一起抓，不断提高学生的作文能力。作文训练体系表示如下。

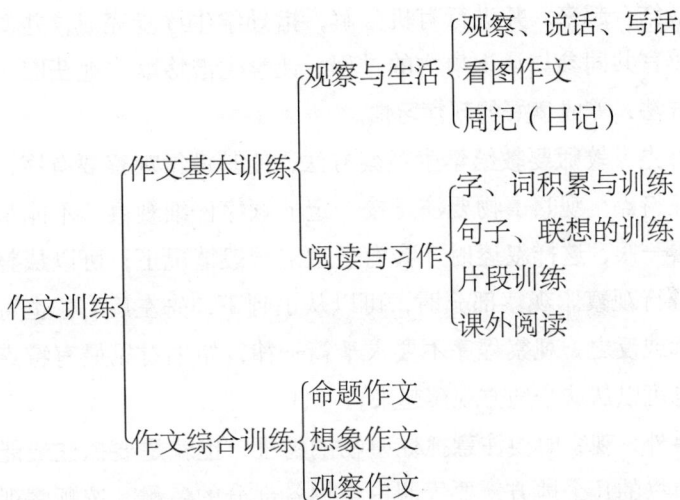

```
                               ┌ 观察、说话、写话
                   ┌ 观察与生活 ┤ 看图作文
                   │           └ 周记（日记）
        ┌ 作文基本训练┤
        │          │           ┌ 字、词积累与训练
        │          │           │ 句子、联想的训练
        │          └ 阅读与习作 ┤ 片段训练
作文训练 ┤                      └ 课外阅读
        │
        │          ┌ 命题作文
        └ 作文综合训练┤ 想象作文
                   └ 观察作文
```

一、作文的基本训练

作文的基本训练包括"观察与生活"和"阅读与习作"两个方面。

（一）观察与生活

写作离不开生活，可是许多学生虽然每天都在生活，却不会观察生活。 这就需要教师去指导，让学生学会观察，逐步提高观察能力。

1. 观察、说话、写话

从低年级开始，我们就十分注重学生观察能力的培养，如让学生写剪贴日记。由于低年级的学生缺乏生活经历，我们让学生把自己喜欢的图片、照片、邮票等贴到自己的日记本上，或动手画一些自己喜欢的图画，让学生认真观察图片上的内容，发挥自己的想象能力和动手能力，使其养成坚持写日记的好习惯，把观察和学习自然地联系在一起。我们从一年级说话课抓起，培养学生观察与说话的能力，使作文早起步，为由"说"向"写"过渡打下基础。过去我们从三年级才开始训练学生写一段话，作文教学改革要求我们从一年级起就开始训练学生写一句话或一段话。然而，让一年级学生抓住事物的特点并用通顺的语言写出来有一定的难度，所以要把观察与写话结合起来，并进行有机分解，指导学生逐步完成，并使学生多种感官共同参与认识事物的过程，让学生潜移默化地获取正确的观察方法，养成良好的观察习惯。

首先，教师要教给学生观察方法，使其懂得观察要有序，观察要抓住特点。观察事物要注意按一定的顺序仔细观察，不能东看一眼西看一眼，这样叙述时才会有条理。一般情况下，可以从整体到部分进行观察。观察部分时，可以从上到下，先左后右，也可以由近及远或反之。观察程序不要求千篇一律，如果看见最有特点的地方，也可以从这个地方观察起来。

另外，观察时要注意抓住事物的特征，也就是要抓住最能表现这个事物的几个地方，要弄明白事物各部分的名称，按顺序观察每一部分；注意把重点部分的形状、颜色、特点、用途具体细致地写出来。

2. 看图作文

在引导学生观察生活的同时，我们也应适当安排看图作文的训练，教会学生按一定顺序去观察图画，不但要指导学生看准、看全画面中的内容，还要指导学生合理想象画面以外的相关情节，这样才能使看图作文的内容写得更充实、更生动。

3. 周记（日记）

一至六年级的学生每人都应有一个观察日记本（低年级学生写观察周记），这样有利于学生把在生活中观察到的内容及时记录下来。周记（日记）既锻炼了学生的观察能力，又为学生的写作积累了素材，培养了学生的写作兴趣。

（二）阅读与习作

无论是文学大家的经验还是学生自己的体会，都证明了一点，提高写作能力要有阅读积累作基础。

1. 字、词积累与训练

语言的积累与训练要从字、词开始。我们采用多种方法鼓励学生积累语言。学生有"采蜜集"、"摘抄本"，把阅读中的好词、好句摘录下来；读成语，进行成语接龙比赛；做"词开花"的游戏，鼓励学生一字组多词……

2. 句子、联想的训练

学生在课内外接触大量的句子，如比喻句、拟人句、夸张句、排比句、各种关系的复句、作品中描写生动的句子等，对这些句子掌握得多了，就会慢慢学着使用，习作中的语言自然也就丰富了。

写作离不开联想，比喻句、拟人句、夸张句等就是联想、想象的结果。我们要对学生的想象能力有计划地进行训练。

3. 片段训练

阅读与写作的基本功训练应该是循序渐进的，从字、词到句子，再到片段，一点一点地过渡，一步一步地提高。例如，在写人时，学生要学会观察人物，抓住人物的特点，在叙述具体事例时，紧紧抓住能表现人物特点的外貌、语言、动作和心理活动，这样才能把人物写得栩栩如生，让读者读后如见其人、如闻其声，给人留下深刻的印象，使人受到教育和感染。我们应指导学生从阅读中学习写作方法，然后通过观察抓住人物特点，进行人物片段描写。有了片段描写的基础，学生写作文也就不感觉困难了。

总之，每个年级要有不同的训练点，有不同的训练要求，使学生每个学期都能上一个新的台阶。

4. 课外阅读

课堂内的阅读量是十分有限的，必须加大阅读量才能丰富学生的知识积累，提高其写作能力。从一年级开始就应指导学生进行课外阅读，每个年级有每个年级的阅读计划，从童话、优秀儿童文学作品到名篇名著、古典优秀诗文，让学生大量地阅读、广泛地吸收语言精华。

二、作文的综合训练

作文的综合训练是在片段训练与单项训练的基础上进行的，即完成从段到篇的过渡。篇的训练主要包括命题作文（半命题作文）、想象作文和观察作文。

（一）命题作文

命题作文（包括半命题作文）是学生在小学阶段应该较熟练掌握的作文形式。训练学生学会审题、选材、列提纲，写好开头和结尾，是教师进行作文教学的重要内容。

（二）想象作文

想象作文在传统作文教学中是弱项，在新教材中得到了充分的重视。相对于写纪实作文来说，写想象作文有一定的难度，因为所写的内容并不是学生经历过的事情，而是依靠相关的知识及生活的积累对未发生事情的一种抽象描述。

（三）观察作文

观察作文是指有计划、有准备地观察一个人、一件事、一种景物（或事物），然后把观察到的情况如实地写出来，真实地反映人物、事件或事物的本来面貌。观察作文要求学生观察要细，描写要真，抓住本质，反映特点。

三、我们的体会

（一）儿童写作要以观察为主

观察是写作的前提，观察主要是解决"写什么"的问题。儿童入学后，经过有指导的观察，已能抓住事物的基本特征（外貌特征），所以，从一年级起就可以训练儿童观察、说话、写话。

没有实际的生活体验，头脑中没有丰富的经验积累，只凭空想是写不出好文章的。观察丰富了写作内容，这一点学生深有体会，他们不满足于教师组织的观察活动而是自己主动观察，去寻觅写作的素材。学生从实际观察中获得了丰富的表象积累，打开了眼界和思路，增长了知识，激发了对生活的热爱，提高了写作能力。

通过观察训练，让学生的习作由简单到复杂（由静到动，由写物到写人，由简单纪实到结合所感所想），符合技能形成的规律。

（二）在作文教学中，要把形象思维训练与语言表达训练统一起来

形象思维是用形象材料、表象来思维的，通过对感知、观察而产生的表象进行加工改造而形成的。作文要用语言表达形象思维，要把头脑中的表象转为语言，用语言表达出来，所以要把形象思维训练与语言表达训练结合起来，如此才能提高学生的写作水平。

表象是思维的起点，是作文的基础。从信息论的角度来看，表象是从现实生活、客观事物中获取的。学生有了丰富的表象储存，写作时才能将其鲜活生动地再现于笔下。

（三）多媒体辅助作文教学，有助于培养形象思维和创造力

多媒体辅助作文教学改变了作文教学信息传递的方法和手段。运用声像媒体，创设良好的习作情境，让学生在愉快的情境下写作，能激发学生写作的兴趣。

根据儿童的心理特点，运用直观、形象、新颖、可视性强的多媒体，调动学生观察、联想和想象等智力因素以及动机、兴趣、情感、意志等非智力因素参与习作活动，并使之相互作用，形成最佳的写作状态。

（四）培养学生观察能力和形象思维能力要有梯度

我们要根据儿童的年龄特征、知识水平对观察的内容提出不同

的要求。随着年级的升高,观察应从简到繁、从现象到本质。低年级学生从观察入手,把观察与说话结合起来,按先后顺序说,语言要有条理;中年级学生要观察比较熟悉的事物、特点鲜明的事物,做到按顺序、抓特点并适当表达自己的情感;高年级学生根据观察的内容展开合理的想象,对观察的人和事有自己的见解。

第一节
让儿童写下色彩斑斓的童年故事

一、童年的生活是美好的

一个孩子这样写道："童年是什么？　是树上的蝉，是水中的蛙，是牧笛的短歌，是伙伴的迷藏……总之，童年是无忧无虑的，幸福美好的。每当我绘声绘色地描述童年时代的趣事时，脸上总泛起红润的光彩。毕竟，那往事就像潺潺的流水声在我心中旋绕。每当我回忆起这些，总是'咯咯'地笑，笑得那么甜蜜，那么灿烂，仿佛一切令人魂牵梦萦的往事历历在目。我想，童年就是一棵没有年轮的树，永不老去，永不消失……"

童年是什么？　童年是一段美好的记忆，童年是酸甜苦辣的味道，童年是天马行空的遐想，童年是每个人心中最宝贵的财富。

下面是一个当代作家的自述。

童年围绕着我的，就是那些可爱的植物，还有亲人和动物。请原谅我把他们编列在一起来谈。因为在我看来，他们都是我的朋友。我的亲人，也许是出于身处民风淳朴的边塞的缘故，他们是那么善良、隐忍、宽厚，爱意总是那么不经意地写在他们的脸上，让人觉得生活里到处是融融的暖意。我从他们身上，领略最多的就是那种随遇而安的平和与超然，这几乎决定了我成年以后的人生观，至于那些令人难忘的小动物，我与它们之间也是有着难分难解的情缘……①

古时有"儿童急走追黄蝶，飞入菜花无处寻"、"蓬头稚子学垂纶，侧坐莓台草映身"、"儿童放学归来早，忙趁东风放纸鸢"的儿童生活，而今天的孩子们同样有反映他们童心、童趣的精彩生活。走进他们的世界，就走进了斑斓的生活；走进他们的世界，就走进了想象的天空；走进他们的世界，就会发现他们心灵的美好；走进他们的世界，就会发现生活如此美妙；走进他们的世界，总是恋恋不舍，流连忘返……

二、儿童习作要充满童心、童趣

童心和童趣是儿童认识世界和适应生活的方式，也是儿童写作关键之所在。观察力的培养发掘了童心之真，童趣之美，把人们引入了童心、童趣的美丽殿堂。儿童的好奇心、求知欲、模仿性以及活泼好动等特性，往往体现在他们的活动之中。写作教学应聚焦在儿童的情感上，让儿童用自己的眼睛观察事物，用童心去感受外部世界，讲自己身边发生的有趣的事情，讲自己真实的心里话。

儿童有向往真善美的心灵和天性，他们的思维很单纯，纯真稚气的行为中往往带有极丰富的想象力。在儿童的眼中，布娃娃能说话是天经地义的事！假若我们在纸上画一个圆圈，请孩子们来辨别是什么，那么十个儿童也许有十种回答。他们可能会说是水珠、轮胎、太阳……甚至有更为精彩的说法，但极少有孩子说是一个圆圈。因为"圆圈"毕竟是一个抽象的符号，而不是一个具体的事物。孩子们太单纯，他们只喜欢符合自己认知的天马行空的想象，不喜欢"就事论事"。他们的眼睛老是盯住有趣的东西，忽略掉没有

① 迟子建.寒冷的高纬度:我的梦开始的地方[J].美文,2007(6):46.

"色彩"的事物。他们总是与新鲜、好奇作伴。在孩子心灵的天空中，黑就是黑，白就是白，好就是好，坏就是坏，狼外婆与小兔子绝非一家子，老狼同小山羊的仇恨不共戴天，狐狸是狡猾的，乌龟跑步是慢的……他们爱用自己的思维方式去表现情感。

儿童习作要说出真实的心里话，"说"不同于一般的"告诉"，它蕴含着儿童丰富的情感、由衷的心声。心里话就是真话，是真正发自内心的，是自己的真情实感。心里话反映的是用自己的心感触过的、曾激起自己感情波澜的人和事。因此，应抓住情感的线索，以情感人，以情动人，让学生把自己的心里话在习作中倾诉出来。特级教师靳家彦说："作文不是从审题、立意、选材开始，而是从真感受开始的。"这是多么精辟的言语啊！文章是感情的产物，学生只有对生活有所感受、有所思考，才会产生写作的冲动，才有可能写出动人的文章，要不古人怎么会说"情动而辞发"呢？写文章其实就是这么简单，它需要的是真感受，而不只是方法和技巧之类的东西。情感抒发是写作的原动力，离开了鲜活的情感之源，学生的习作就会远离童心，失去童言，丧失童真。

在写作中，童心与童趣之间有着如鱼和水一般的共生关系。童心源于童趣，犹如水因有鱼才充满盎然生机。所以，以观察为先导，用儿童自己的眼睛去发现，用儿童的真心去体会，将是儿童习作的关键。

（一）儿童习作记录了自己的观察

下面两篇作文体现了儿童对生活的观察。

❖❖❖

我家的欢欢

我姨姥家有条小公狗，品种是京巴，它叫欢欢。

欢欢虽然已经 14 岁了，可是它依然还是很帅。它有一双水汪汪的大眼睛，炯炯有神。它雪白的毛，毛茸茸的，柔软极了！它不认生，见着谁都摇尾巴，尤其是见到小区里的狗，它就拼命摇尾巴，跳来跳去的，多可爱呀！它的腿脚有些不灵便，但是它依然不放弃去捡自己的球来玩，多贪玩呀！

　　每一次，我一进大门，它就赶紧跑过来，趴在我的脚上，用它那水汪汪的大眼睛望着我，那眼神仿佛在说："你有我喜欢吃的牛肉吗？有就给我吧！"我摇了摇头，表示没有牛肉给它吃。它看见我摇头，把身子从我的脚上抬起来，垂头丧气地跑开，去喝它自己的水去了。

　　我们在草地上玩耍。我把球扔了出去，欢欢先看看我的手，之后，毫不犹豫地跑向远方，球无论到哪里，它都会把小球叼回来。可见，它有多爱惜这个小球，怕小球丢了呀！

　　在睡觉的时候，欢欢也是十分警惕的呦！它把头放在窝里，把一条尾巴露在外面。每次听到一点响动，它的尾巴就会抽动一下，然后开始轻轻地、慢慢地摇动。过了几分钟，尾巴不动了，它安静下来了。每天，它起得很早，我们有时还被它"叫"起来呢！

　　每天上午，它都要叫着要姨姥带它出去遛弯儿。一到楼下，它就跑来跑去的，害的姨姥跟着它跑来跑去的。不知是"人遛狗"还是"狗遛人"呀！有时，它还能碰见一只小吉娃娃——花花。它们关系可好了，一见面，它们就开始玩啦！抱在一起打滚，一起跑步，一起玩球……它们在一起玩，别提有多可爱了！

　　我爱欢欢，因为，它是一只很可爱、很帅气的小狗。

　　点评：这篇习作，小作者通过认真的观察、细腻的描写，写出了他眼中的小狗。在他眼中，小狗是可爱、帅气的，俨然一位可爱的小帅哥。

春　天

　　庆丰园不大，左视河水碧绿，右观山路蜿蜒。这里的一切都是绿的，绿得可爱，绿得诱人。绿的山坡，绿的草坪……

　　一切都是绿的，朵朵娇艳迷人的花儿掺杂其中，她们微微害羞，不愿被人发现似的。那樱花淡得像一片轻云，似有似无。

　　一切都是绿的，绿中有青的河水在春风中泛着层层涟漪，四月初的柳絮缓缓地飘到河上，随着河水在徐徐流动，流到远方。水中的蝌蚪和小鱼不停地游动,交错在一起。小鱼有时吐泡泡,有时追逐蝌蚪。不一会儿,一大群蝌蚪了无踪影,只在石头边看见它们隐隐约约的影子。

一切都是绿的,一切都在春风中苏醒了。春天的美丽如约而至,不知不觉中我又和春天相逢了。

点评:这篇习作,小作者从不同角度观察春天的绿,生气勃勃的春天的气息迎面扑来。在小作者眼中,春天就是无限的绿色、无限的希望。在儿童的笔下,事物是美好的、生动的、可爱的……他们用个性化的描写,让世界充满了美好与希望。

（二）儿童习作记录了自己的生活

生活对于儿童来说是五味杂陈的,他们享受快乐,感受着悲伤。下面两篇作文便记录了儿童的生活。

打　针

我生病了,姥爷让舅舅送我去医院打针。小弟弟也要去,姥爷问:"你去干什么?"小弟弟说:"陪姐姐打胡萝卜汁。"因为姥爷经常给他打胡萝卜汁喝,所以他以为打针就是打胡萝卜汁。大家听了哈哈大笑,小弟弟也笑了。

影　子

今天是中秋节,我和奶奶到小区院子里去赏月。又圆又亮的月亮静静地挂在天上,小区的路灯显得有些昏暗。我抬头望着明月,奶奶提醒我:"注意看路,小心摔跤。"我低下头来,突然发现了自己的影子。嘿!我怎么变成了《白雪公主》里的小矮人了?离路灯远一些时,我又变成了《小人国》里的巨人了,真有趣。

对着影子,我挥手,影子也挥手。我蹦蹦跳跳,它也蹦蹦跳跳。它老是跟我学,我做什么,它就做什么,真调皮!影子一会儿跑到我的后面,一会儿又跑到我的前面去了。它好像在和我捉迷藏,真是个淘气包!

我发现，影子虽然很活泼，但它也有一个致命的缺点，不管我跟它说什么，它总是不理我，简直像个哑巴。嗨，你说气人不气人？

点评：儿童观察生活、记录生活，生活就是学生的作文，作文反映的就是他们的生活。儿童的生活中充满了稚趣，他们不去修饰生活，他们用纯洁的心灵去触碰生活，因此，他们笔下的生活是丰富多彩、趣味横生的，他们文章中的语言也是奇丽的、灵动的。

（三）儿童习作记录了自己的想象

儿童眼中的世界是奇妙的。他们充满想象力，他们笔下的人、事、物都独具特色。下面两篇作文可以体现出儿童丰富的想象力。

◆◆◆

云

一天，坐在公园的草坪上，抬头望向天上的云，发现天上的云就像一位神奇的魔术师。

天上的云千姿百态，变化万千。有时，它像一个棉花糖，我真想去够它；有时，它像一辆在马路上飞快奔跑的汽车；有时，它会像一只快乐的小鸟，唱着歌谣；有时，它像一只翩翩起舞的蝴蝶在空中飘荡。我知道是风把它们吹动了，把它们吹成了各种各样的云。

而且，我知道它们叫作彩云，因为它们的颜色特别丰富。晚上，它们是火红火红的，叫晚霞；要下雨了，它们就变成乌云。

这些云可真淘气呀！你喜不喜欢这些淘气的云呢？

小雪花的故事

冬天来了！雪花娃娃四处飘荡，因为她们要过冬了。雪花娃娃飞来飞去找不到自己的家，雪花妈妈担心极了，看着快被冻僵了的雪花娃娃，雪花妈妈又是着急又是害怕，她四处张望还是找不到舒适的家。雪花妈妈非常着急，可是怎么办呢？

突然，一阵风吹来，雪花妈妈有办法了！风把雪花吹到了树上！树穿上了白衣服，雪花有了亲密的伙伴。雪花妈妈真高兴！雪花妈妈挥了挥手，高兴地笑了。

点评：多么有趣的想象！这是儿童的世界，他们的世界是那么的美好、那么的温馨，充满了温情。

（四）儿童习作记录了儿童的思考

儿童写作的过程也是思考的过程，下面两篇作文便是儿童记录的自己对生活的思考。

❖❖❖

照 相 机

有人面对突如其来的照相机时，会马上停下手中的活儿，眼睛直视照相机，嘴角不自然地向上弯着，神色紧张，有时还会摆出俗气的"V"字；有人则会掩面逃离，边跑边叫道："别拍我，别拍我！"弄得摄影者很是尴尬。

照相机有一股神奇的力量——很多成熟世故、老练智慧和成功的男士，尽管在众人面前潇洒自如，但在有人举着照相机对准他们的时候便立即僵硬了。

他们面对照相机时会表现出最原始、最自然的自我。或许，他们最多只会回眸一笑，然后继续干着自己该干的事情。

为什么会这样呢？因为人们总想展现自己最好的一面，总是作出虚假的表情和不自然的姿势以掩饰自己。有人只是面对镜头时勉强地笑一笑，而当镜头放下，就面若冰霜。对此我感到疑惑：难道自己的笑容是给别人看的吗？

举一个实例：今天上午上操，老师说要把我们的上操情况拍下来，明天家长会给家长看。我们低声议论起来，没人愿意给家长留下坏印象。

"快站好了，老师要录像！"有人提醒着快要睡着的人。"你可不想明晚去看外科医生，对吗？"

两个站在后排的同学偷偷说道："我看我们还是别聊天了吧，不然我们家明晚会发生持续性8.0级大地震。"另一个同学听完后想大笑一番，可看到老师的照相机，他立刻抿嘴把笑声憋了回去，脸色看上去像是没酿造好的葡萄酒。

再看看我们班同学，健美操做得有模有样，让人看了赏心悦目。姿势是那么的美丽，动作刚中带柔、柔中带刚。几个听见上操口号声就想睡的同学也勉强地打起精神来，卖力地做着操，时不时还紧张地瞟几眼老师的照相机。

"打起精神来，开心一点！"老师说道。我们不自然地微笑着——虽然我们知道我们的笑容很假，但总比面若冰霜好吧！我扭头向旁边的同学瞥了一眼。哇呀！差点没把我吓得昏死过去，这位"面带笑容的天使"嘴角翘得十分高，好像要拿到"最美笑容"的吉尼斯世界纪录一样。相信他已经做到了，因为他的嘴角要是再往上翘一寸，他的腮帮子就要掉下来了。他的二十八颗牙全都露了出来，舌头紧紧地抵住下牙床。我真的怀疑要是他的下牙床被挤掉了，他的舌头会像变色龙那样弹出去。我见了想笑，却笑不出来。

过了一会儿，老师已经得到了一段满意的录像，放下了照相机。

我们班的人瞬间从健美操高手变成了扶不上墙的烂泥，好像瞬间被融化成了果冻，眼睛直视前方，好像一群毫无生气、断了线的木偶。就算我喝了十斤的兴奋剂，看到了这个场面，也会眯缝着眼，昏昏欲睡。我打了个哈欠，胳膊也好像被感染了似的，举不起来了。

在我还没入睡前，我仔细地想了一个问题：刚才我们的出色表现都是给家长们看的吗？为什么照相机会起到那么大的作用？

当面对照相机时，我们不必做得板板正正，只需要像平时一样，放松，展现真实的自我，不要有牵强、故作的姿势和勉强的笑容。摄影者捕捉到的是我们真实的活力和幽默，这才是最好的照片。

你需要把镜头当作你自己一样，不要让它吓到你。

在被拍照的时候，你应该永远都不要试图表现得不像你自己。不要摆姿势，或者让自己看起来很酷，因为这样只会让你看起来像小丑一般。更不要掩面逃离，这样只会让别人认为你是疯子，或者撞到电线杆子上了。

不要试图掩盖真实的自己，即使你把自己装得像比尔·盖茨，也不是真实的你。

一定要做回自己。

点评：照相是太平常不过的事情了，可是，儿童却通过照相这件事引发了独特的思考。

❖❖❖

沥沥小雨

这一周，一直都下着沥沥小雨。这沥沥小雨非常美，却也困扰着我，我不能出去玩耍了，只能待在家里看电视或学习。生活很单调。

每次，我只能等雨小了后打着雨伞出去玩。路上的行人很多，打着的雨伞也是各种各样、五彩缤纷。当我走进 thick crowd（密集的人群）的时候，我很荣幸能成为雨伞家族的一员。

雨后的 rainbow（彩虹）很美，让人有种回味无穷的感觉，那神奇的天空怎么使美丽的七种颜色聚在一起呢？真不可思议！

有时，下完雨，我会和奶奶一起晨练。雨后的空气非常洁净，使人神清气爽。雨后，小河边上没有人，非常宁静、舒服，把人带到了一种境地——让一颗不安的心平静的地方。那树叶上的雨珠"滴答、滴答"地落到地上，随着响声，商贩开始摆摊了，喧嚣开始了……

有时，我会幻想，下雨是不是一场演出呀！雷声是最好的鼓手，"咚咚咚咚咚"，宣告着节目的开始，它的鼓声又洪亮又清脆，深得大家的好评。雨滴是最好的伴唱，它们的歌声沁人心脾、引人入胜，并且声音极具特色，也不跑调，它们"哗哗"的响声是那么和谐。雨花是最好的伴舞，它们的舞姿很美，一张一缩，在空中翩跹起舞、自由飞翔，向人们炫耀苗条的身材。彩虹是最忠诚的观众，每场演唱会它都没落下，不管演唱好坏与否，它都给予最热烈的掌声，以示对演唱成员的尊敬。它们唱得那么完美，天衣无缝，并不是它们的技术多么精湛，而是因为它们有种团结的精神，那种精神是许多演唱成员梦寐以求却独独缺少的……

点评：在儿童笔下，小雨也有了独特的韵味。真是雨有情，人有意呀！

儿童的观察具有他们的特点。他们观察生活，用自己独特的视角感知着这个美妙的世界，用自己的笔书写下自己精彩的人生。童心、童趣中蕴含着儿童对事物的感知，蕴含着儿童美好的遐想，蕴含着儿童对未来世界的期盼与创作。

第 二 节
指导儿童学会观察

一、观察训练的年段体系

　　学生对外界事物的认识总是从身边开始，所以训练时要让学生以身边熟悉的事物为观察对象。在观察的对象方面，要由静到动，由小到大，由单一的、简单的事物到众多的、复杂的事物。小学教育分低、中、高三个年段，这里就引出一个问题，针对不同年段学生的教学任务和要求有什么不同？语文教学中，观察、听、说、读、写等主要技能都是同思维紧密联系的，其中观察、听和读的技能的形成又是以思维的形成为标志的。因此，我们可以从思维发展的角度，找到观察、阅读技能形成的阶段性特点。在教学实验中，我们根据学生的年龄和观察的特点，在实验中逐步归纳总结出小学生观察训练的年段要求。（见表2-1）

表 2-1 观察训练的年段要求

年级	主要内容	具体要求		训练方式及要求
低年级	观察·说话·写话	一年级	1. 在教师的指导下，学生提高观察兴趣，学会观察方法。 2. 观察自然景物，观察静物，懂得观察要有一定的顺序。	1. 观察、说话、写话课。 2. 观察日记。 要求： （1）运用阅读和生活中学到的词语和学过的简单句式清楚明白地写一段话。 （2）能把文章写得通顺、明白。 （3）有表达的自信心。
		二年级	1. 指导学生按照"上—下"、"左—右"、"表—里"的空间顺序以及"整体—部分"的观察顺序，记叙观察的对象。 2. 指导学生抓住事物的特征，观察静态事物、动态事物。	
中年级	观察·感受·写作	三年级	1. 指导学生留心观察周围的人和事，观察人物的动作、语言、外貌等。 2. 在观察中学会抓住事物的特征。	1. 作文片段训练。 2. 观察作文写作。 要求： （1）学写环境、场面和人物的语言、动作、外貌等。 （2）能不拘形式地写下见闻、感受和想象。 （3）习作要感情真挚。
		四年级	1. 指导学生深入观察周围的人和事（个人、群体、场面）。 2. 在观察活动和景物时，按空间顺序、时间顺序观察。 3. 注意观察自己觉得新奇有趣的或印象最深、最受感动的内容。	
高年级	观察·认识·写作	五年级	1. 养成留心观察周围事物的习惯，有意识地丰富自己的见闻。 2. 在认真观察的基础上展开丰富的想象。	1. 命题作文。 2. 想象作文。 3. 生活随感。 要求： （1）懂得写作是为了自我表达和与人交流，要珍视个人的独特感受，积累习作素材。 （2）学习辨别是非善恶。
		六年级	1. 多角度地观察生活，捕捉事物的特征。 2. 注意观察事物的细节，对大家共同关注的问题，发表自己的看法。	

在教学实验中，我们分年段对学生的观察训练提出要求，通过不同的训练形式，实现学生作文创新能力的提高。

二、各年段观察训练指导

（一）低年级的训练内容

低年级学生不能把"观察事物"狭义地理解为"仔细地察看客观事物或现象"，"看"是认识事物的主要途径，而"听、嗅、尝、触"等也是观察的方式。教师应该结合具体的观察内容，帮助学生掌握观察的要素，学习、体会观察方法。

我们要教会学生用感官去感知物体的性质。低年级学生通过用眼睛看、用耳朵听、用心去感受，会使表达的字里行间洋溢着生动的人文气息。酸甜、冷暖、气味、声音、颜色等性质，需要学生用舌、肤、鼻、耳、眼等器官去感知。如指导学生观察橘子，可先让他们观察橘子的外表，如形状、颜色、香味、大小等，再让他们剥开橘皮，观察橘瓣、品尝果肉，然后引导学生去了解橘皮、橘核的药用价值，再让学生仿写一篇作文。一年级金思奇同学是这样写榴梿的：

> 榴梿的外形很独特，表面上长满了又粗又尖的硬刺，非常扎人。用力切开它那又厚又硬的皮，映入眼帘的便是它那金黄色的果肉。榴梿的果肉有多有少，一瓣里有三颗或四颗，一颗差不多有我一个拳头那么大。如果榴梿熟透了，你咬下一口，是像泥一样软的，口感很好，可第一次吃的人可能有些不习惯，因为熟榴梿有一股臭臭的味道，我第一次吃时还差点吐了呢！不过，再吃那么一两次，你就会发现，原来它的味道是那么的鲜美，那么的香甜。

学生观察世界的独特视角，体验人生产生的奇特想象，以及在训练中表现出的创造力，使教师深深感受到——观察是智慧最重要的来源。观察与说话、写话是紧密联系在一起的。观察有顺序，说话就有条理；观察有主次，说话就有详略；观察中有想象与联想，写成的作文就会生动有趣。观察是学生作文创新的基石,引导低年级学生充分地掌握观察的要素,可以大大降低学生写作的困难程度。

（二）中年级的训练内容

中年级重点开展"观察论文"的训练,培养学生按空间顺序、时间顺序观察周围的人和事,使其学会抓住事物的特征,能不拘形式地写下见闻、感受和想象,把自己觉得新奇有趣的或印象最深、最受感动的内容记录下来。这一年段,要着力训练学生掌握观察的方法。

1. 看全貌

从整体入手进行观察。在教师的指导下,四年级（4）班小轩写下了《看地图》这篇小文章。

> 粗看地图,上面有许多密密的字,看起来就像一锅粥,真难看。可是细细一看,又像一幅拼图。这地图可好玩了,上面还有许多国家。这些国家有各种形状,有的像苹果,有的像一头牛,我们国家的形状就像一只大公鸡。我们国家周围还有许多国家,有蒙古、印度、朝鲜、老挝、柬埔寨……还有许多国家在一些小岛上,他们被海水包围着,整体看起来就像一个水上植物园。我现在只能学到这里,以后我一定要把地图搞清楚!

学生从地图的全貌入手,从粗看到细看,从整体的形状到细致的名称,把一幅世界地图整体的面貌描述得很清楚。同时,由各个国家在地图上的形状联想到"苹果"、"牛"、"公鸡"、"水上植物园"等,语言表达也很新奇有趣。

2. 找角度

让学生学会抓住要点,有选择性地观察。同一事物从不同的角度可以看出不同的特点。写作时可以从不同的侧面,反映事物某一方面的特征。如我们带学生到北京市大兴区采摘,在教师的指导下,学生们从不同的角度呈现了这次活动的欢腾景象。

一个学生这样写道:

> 老师一声令下,挖白薯开始了。我首先把白薯藤拨开,然

后撕掉塑料薄膜让泥土露出来。我赶紧用双手去刨。呀！白薯露出了小尾巴。我急忙用手扒开白薯周围的土，然后拽着白薯使劲摇晃，土松了，用力一拔，嘿！一个又粗又长的大白薯展现在眼前。我高兴得蹦起来，大声喊道："我挖到了大白薯！我挖到了大白薯！"这时我看着同学们有说有笑好不热闹。一会儿的工夫我就挖到了七八个大白薯。我们的劳动成果可真不少。

一个学生这样写道：

不知不觉我们就来到大兴梨园，那里有白薯、花生，还有好多新鲜的水果，有梨、苹果，它们都在枝头上显示自己鲜艳的色彩。我们漫步在乡间的小路上，很快就来到了一片绿油油的花生地旁边。花生差不多有我的中指那样长，拇指那样粗，黄色的衣服裹着芳香的泥土，像一个个胖娃娃歪着小嘴乐呢，真招人喜爱。

观察的不同视角、采摘中的不同经历，避免了作文内容的重复。学生从自己喜欢的角度出发，描写关心的事物，表达了不同的感受与体验。

3. 明细节

让学生把整个事物分开去观察。三年级（2）班小佳是这样观察小兔子的。

一天放学，奶奶给我买了两只可爱的小兔子，一只是白的，一只是黑的。我把它们带回家，放在阳台上养起来。黑兔子的耳朵长长的，只要听见一点声音，就会一蹦一跳地跑开，躲起来，要是它一躲，谁也别想找到它。白兔子的眼睛是红色的，像两颗闪光的红宝石。嘴巴分成三瓣，上唇两瓣，下唇一瓣。尾巴又圆又小，像一个小棉球挂在屁股上，跑起来一撅一撅的。

这个学生抓住两只兔子不同的特点，进行了细致的描述，把小兔子胆小可爱、漂亮活泼的特点恰当地描绘出来，在字里行间表现出对小动物的喜爱。

4. 抓特点

请看下面这篇观察记录。

> 胖宁宁爬坡的时候，像一匹马一样，右脚在拼命地划着地。他使出百般力气，眼看就要爬上去了，可又滑了下来。这时他抓住了我的手，但没有想到他的身体太沉了，我不得不使出全身的力气拉他，可就拉不动。我脚下一滑，他反而把我拉了下来。我可是好不容易才爬上去的！

写这篇观察日记的学生，抓住了被观察对象的特点，突出了同学是个很"胖"的孩子，还通过具体事件加以表现，颇有趣味性。

（三）高年级的训练内容

高年级重点进行篇章的训练，教师不但要培养学生观察周围事物的习惯，还要引导学生注意观察细节，对自己身边的、大家共同关注的问题发表自己的看法，并在认真观察的基础上展开丰富的想象。受传统教学观念的影响，过去高年级学生作文过多地强调中心、选材、结构、布局等，教师过多指导学生"怎样写"，而忽视了"写什么"，学生写出的文章缺乏鲜明的个性。我们强调高年级学生在写命题作文的时候，有的题目需要靠回忆来平铺直叙，有的题目需要展开想象的翅膀，有的题目实践性、应用性非常强，学生要带着任务去观察、实验和查阅材料，积累丰富的写作素材。

1. 认真制订计划

开拓思路，需要积累生活素材，提升观察力。教师要重视对学生观察的指导，教给学生观察的方法——正确选择角度、把握特征，有计划、有目的，用自己的感官去体验生活。高年级的观察训练主要在课外进行，教师要引导学生认真制订计划，如表2-2所示。

表2-2 观察记录表

时　间	观察内容	观察效果	自我评价

在制订观察计划的过程中，记录的格式、内容、方法等可以根据需要进行适当调整。在填写观察效果和自我评价时，学生也可以有自己的想法，因为把自己的感受记录下来也是一种评价。

另外，制订和执行计划是自觉的行为，学生在执行的过程中要多问为什么。例如：制订的计划适不适合自己？能不能执行？运用的方法是否得当？在执行的过程中认真做了吗？再对比没有计划和有计划两种情况下作文成绩有没有提高等。

2. 珍视独特感受

教师要让学生懂得写作是为了自我表达和与人交流，作文时要把自己观察到的和产生的独特认识与感受写出来。在写作文《_____变了》时，学生结合题目，将自己平时的观察、体验生动地记录下来。六年级（2）班胡阳同学写的《游戏变了》细致地描述了游戏的几个不同的发展阶段，从爸爸小时候玩的传统游戏写起，先后写了20世纪七八十年代的电玩游戏、90年代电脑游戏直至2014年数不清的游戏精品，向读者清楚地展示了游戏的发展历程。小作者的写作思路非常清晰，以时间的变化为顺序叙述游戏的发展历程。这种写作方法实际上是在将过去和现在进行对比，在对比中表现时代和科技的发展以及人们精神生活的丰富，增强了中心思想的表现力，写出了自己对"游戏"的独特认识。

3. 开展调查和访谈活动

调查，就是为了了解情况到现场去考察；访谈就是询问、互相交流，可以是书面的，也可以是口头的。开展调查和访谈活动的目的是从现实生活中积累写作材料。调查和访谈要注意将问题表达清楚，事先要设计好调查的问题，还要设计信息表，整理好调查的信息。

例如《一个_____人》，一个学生想写《一个和蔼可亲的人》，这里的主人公是他的姥姥。他原来积累了一些材料，但不丰富，于是就给姥姥打电话，然后把姥姥的话整理了一份电话记录。

我：姥姥，听说弟弟鼻子有炎症，做了手术，手术后三天要吃流食,他每天晚上都喊饿,您那时陪住,是怎么办的?

姥姥:我和他一起玩玩具,分散他的注意力。

我:管用吗?

姥姥:开始管用,玩着玩着,他又想起饿了。我呀,攥着拳头,冲他晃一晃,说:"要做一个能战胜饥饿的人,你是个小男子汉,一定行!"

我:这招儿灵吗?

姥姥:还行,这叫"精神胜利法"。我还给他讲《小英雄雨来》和《小兵张嘎》的故事。

我:姥姥,那您太辛苦了。

姥姥:是呀,有时我眯着眼给他唱歌。哼着哼着,自己也打起了盹儿。

这是多么感人的一份电话记录啊! 这个学生准备将这份电话记录的内容写到作文中。相信在他的作文中姥姥的形象一定会生动感人。

三、指导学生观察需要注意的几个方面

(一) 观察与记忆

如果只观察不记忆,也不可能写出生动感人的文章。记忆对于写好作文同样重要。对生活中遇到的感人的事要进行有意识的记忆,这是积累素材;作文时要打开记忆的大门,通过既有素材表达主题,这就是选择素材。

为了让学生充分感受生活,加深对生活中各种事件的印象,教师可设计丰富多彩的活动,让他们情绪饱满地投入活动。如让学生布置教室、设计学习园地、筹划班队活动、参加艺术节、参与群体竞赛及各种兴趣小组活动、搞小课题研究等,充分调动学生的各种感官。学生在一起创造了充满激情的学校生活,生活也馈赠给了他们写作的素材和灵感。

观察是认识客观事物的基础,是获得写作材料的一种重要方

法。观察是否深刻、细致，直接关系到文章质量的高低。观察深刻，感受、体验就深，就能触发写作动因，发现题材价值，进而以观察事物的原形作为参照，进行生动描写，从而完成高质量的文章写作。

（二）观察与联想

在观察中，教师不仅要训练学生通过感知，用直观形式反映客观事物，更应引导他们学会推理判断，使事物、现象在其头脑中形成清晰的逻辑关系。观察后的想象可以补充和加深学生对事物的认识。教师在教学中应加强这方面的训练。

比如在学习《鸟的天堂》中"群鸟活动的场面"后，教师让学生观察课文中的第二幅彩图（图中看不出有些什么鸟），问：栖息在大榕树上的鸟分别叫什么名字？这些鸟在做什么？……用可以让学生产生联想的问题引导学生展开联想。

再比如观察校园中一株盛开的月季花，我们不能只注意花的形状、姿态、颜色及芳香，而应随之想到，这是一株生长在校园中的花，就像生活在校园中的小朋友一样，花需要园丁培育，小朋友也离不开教师的辛勤培养。看到中秋之夜的明月，自然会想到白玉盘；看到松树，想到保卫祖国的战士。请看五年级赵嘉君同学是怎样在作文中将观察与联想结合起来的。

◆◆◆

良药苦口利于病

前两天我感冒了，妈妈就带我来到药店买药。一进药店，一股刺鼻的药味迎面而来。妈妈带我走到了一个售药柜台旁，让身穿白大褂的阿姨拿了一盒药。那个阿姨介绍药品的作用后，我赶紧问阿姨："这样的药苦不苦？"阿姨笑眯眯地对我说："甜的药不治病，苦的才能治病呢！"听完这话，我心想：看来我是逃不过这一关了！晚上，妈妈拿了二十多颗像珍珠一样的小药丸和一杯白开水让我吃药，我支支吾吾地说："可不可以不吃呀？"可还未说完，妈妈已经给了我一个答复，我只好硬着头皮吃下去……

俗话说得好：良药苦口利于病，忠言逆耳利于行。这句话真是名副其实呀！瞧！如果不是良药我会好得这么快吗？感冒完全好了！此时此刻我想到，在生活中，一些忠言虽然不顺耳，但是对你有很大的帮助。如果别人总是说些你爱听的话，你是永远不会进步的。历史记载唐太宗的大臣中有一个叫魏征的，是一个忠臣，经常说逆耳的忠言，唐太宗就因为听了忠言才治理好国家，而唐朝另一位大臣李林甫却是一个口有蜜、腹有剑的奸臣。我听了他们的故事受益匪浅，深深地领悟到了"良药苦口利于病，忠言逆耳利于行"这句话的含义。

恰当、准确的联想与观察到的内容相融合后，写出来的文章就不会枯燥、单一，描写出来的事物就会生动、具体、形象。

（三）观察与思维发展

观察是人脑通过人的各种感觉器官对客观事物的一种认识过程。当人们通过有计划、有目的的观察抓住事物本质的特征和规律时，这时的观察已不是感性认识而属于理性认识了，这就是一种思维活动。

在观察中，我们之所以要选择合适的观察点、观察角度，确定合理的观察顺序等，目的在于更好地认识事物，抓住事物本质。离开了思维，离开了对观察对象的认识，观察本身也就失去了意义。如果学生在观察中不会正确地思维，那么必然会影响到观察的质量，即使观察的方法正确，也不一定能够深刻认识被观察的事物。下面是六年级小平同学的一篇文章，小作者通过观察，抓住了"灯"的发展历史，对"灯"这一广为人知的事物进行了描述。

❖❖❖

灯 的 故 事

灯的历史有很多年了，从过去的小煤油灯到现在各式各样的花灯，各种灯的背后都有一个故事。我先从煤油灯说起。煤油灯是靠煤油发光的，当时人们很穷，上夜校每人拿一个煤油灯，读书写字虽然很不方便，但是已经很不容易了。有的人家为了这一点煤油，甚至花费了所有的积蓄。

随着时代的发展,很多地方通了电,灯泡成了人们普遍运用的照明器材。又过了一段时间,日光灯又以它的节电耐用受到了人们的交口称赞。到了现在,科学技术迅速发展,随处都可以看到灯的身影。霓虹灯、各色彩灯、各种路灯,如果你走在长安街上,你定会陶醉在一片汪洋的灯海中。我迷恋这美丽的灯的海洋,它预示着国家的富强和繁荣,它昭示着祖国的发展和强大。

观察中的思维能力是整体观察能力的核心,培养学生的观察能力要把重点放到思维能力上。儿童的观察越细致、深入,他的语言就越丰富,思维也就越活跃;而儿童语言的发展,又可促进观察的深入。在教学中,我们要求学生在观察的基础上,提出各种各样的问题,让学生从平常的事物中挖掘出不平常的东西,鼓励他们探寻、发现事物间的联系。经过指导和练习,学生会自觉地将观察与思考结合起来。

(四)观察训练的效果

事实证明,平时对各种事物热心观察的学生,他们的作文都比较有新意,能做到词汇丰富、语句生动。平时不善于对各种事物进行观察的学生,写起作文来缺乏创新。

我们以三年级(2)班、(4)班两个平行班为样本,进行了一次观察写作对比实验,同写一篇文章《记秋季采摘活动》,表2-3是对两个班成绩的统计。三年级(2)班为实验班,写作前教师对其进行了一定的观察指导。

表2-3 作文成绩比较

班 级	文 题	人 数	一类文(篇)	二类文(篇)	三类文(篇)	四类文(篇)
实验班	记秋季采摘活动	35	18	11	6	0
对比班	记秋季采摘活动	35	11	9	14	1

从上表的数据对比可以看出,实验效果显著,实验班学生的作文成绩明显好于对比班。

一直进行观察指导的四年级实验班与没进行观察指导的五年级

对比班的学生写作能力测试结果如表 2-4 所示。

表 2-4　作文成绩比较

班　级	文　题	人　数	一类文（篇）	二类文（篇）	三类文（篇）	四类文（篇）
四年级	味道好极了	30	20	10	0	0
五年级	味道好极了	30	7	16	6	1

从上表的数据对比可以看出，四年级实验班学生的作文成绩明显好于五年级没有进行观察指导的对比班。由此我们得出结论，长期进行观察训练有利于提高学生的写作能力。

诗曰："文章得失不由天，多看多练是关键。留心处处皆学问，勤奋才能出新篇。"这就把观察和写作的关系阐释出来了。只有贴近生活、做有心人，文章才能写得精彩并感动读者。在整个写作过程中，观察起着非常重要的作用，而学生更要从小紧握"观察"这把金钥匙，以此打开"写作"的神圣之门。

第三章

多种形式进行观察习作

　　文章是用来表达一个人思想感情的，要想学会写作，首先要有思想感情，要有大量的表象积累，只有这样才有东西可写。其次还要会表达，也就是把头脑中的表象转化为语言，会用语言把思想感情表达出来。低年级的观察说话课为学生这些能力的培养提供了条件。

　　观察说话课是以观察为基础，通过说话、写话培养学生写作的技能。教师有步骤地指导学生观察的过程，其实质就是指导学生通过观察，把外界的信息内化为思维进行构思的过程。通过观察，儿童头脑中对观察的事物、现象形成了一个有顺序的、有主次的、相互联系的一系列清晰、具体的表象。这些表象就是儿童的认识结果，也是构思的产物。说话、写话是学生的表达过程。儿童观察的结果是以一系列表象存于头脑中的，说话训练就是把这些表象转化为语言，写话训练就是把说的内容落实到笔头上，形成文章。由此可见，观察说话课是写作的起点。

一、观察与写作

观察是上好说话课的第一步，小学低年级学生阅读的东西少，写作的思想内容主要来源于他们对生活的观察和体验。不会观察和体验，就没有一定的表象积累，这样文章是写不出来的。观察的质量直接影响学生的构思以及说话和写话的内容，所以观察能力要从小学开始培养。

（一）观察在写作中的重要地位

1. 观察

观察是人脑通过人的各种感觉器官对客观事物的一种认识过程。同一般的认识过程一样，观察也有感性认识和理性认识之分。感性认识是人们初次的观察或者是表面的观察，是对事物表面的、非本质的认识，其实这只是一种感知。当观察继续深入，即有计划、有目的、深入地观察，抓住事物本质的特征和规律性的联系，这时就属于理性认识了，也就是我们说的观察力。[①]

观察力是发展智力的基础，是学生学习知识、认识世界的重要途径。学生不论学习哪一门功课，都需要一定的观察力。科学研究指出：一般人从视觉上获得的信息占全部信息的90%左右。儿童在这方面更加明显，这是因为他们对周围世界缺乏深入的了解，也没有丰富的实际经验，而思维是随着他们观察领域的不断拓宽和观察水平的不断提高而向前发展的。没有观察，就不能积累感性材料，就不能有丰富的想象，也就不能进行抽象概括和创造性思维活动。许多伟大的科学家、研究者都具有敏锐的观察力，长期从事科学研究的著名生理学家巴甫洛夫在实验室中写着"观察，观察，再观察"的座右铭，这些足以看出观察在创造活动中的重要性。观察是在感知过程中并以感知为基础而形成的，脱离了感知就无所谓观察力。一个五官失灵、七窍不通的人，是没有观察力可言的。生活中常有视而不见、听而不闻、心不在焉、口不知味的情形发生，这就

---

① 温寒江,连瑞庆. 开发右脑:发展形象思维的理论和实践[M].杭州:浙江教育出版社,1997:12.

是指感觉器官失去了作用。具体地讲，观察就是一个人有计划地去看、去听、去闻、去尝、去思考。

2. 观察与习作

文章是对客观事物的反映。正如叶圣陶所说："文章是无形的东西，……是作家把经验或想象所得的具体事物翻译成白纸上的黑字，我们读者都要倒翻过去，把白纸上的黑字依旧翻译成具体的事物。"写作实际上是一个"双重转化"的过程。比如，你要记一件事情就要将生活中发生的事情客观地反映到自己的头脑中，这是第一次转化，就是从外界的"事"，转化为头脑里的"意"。头脑好比是个储物的仓库，仓库的货物充裕，写作时就会有话可说，头脑里空空如也，写作时就会无话可说、胡编乱造。但是，头脑里的"意"要变成纸上的"文"，还得有一次转化。怎样构思，怎样立意，怎样遣词造句，怎样将头脑中的材料进行剪裁、加工、组成一个整体，这就是第二次转化要考虑的问题。这两次转化都需要加强训练，但对于学生的写作来说，抓好第一次转化更为重要。现在有很多学生，由于没有重视从客观的"物"、"事"、"人"到头脑中的"意"的转化，因而头脑中比较空，"巧妇难为无米之炊"，是很难完成第二次转化的。现在许多语文课对第一次转化往往不够重视，而对第二次转化则从纯技巧的角度搞得过多，结果学生写出来的文章，往往是有架子而无血肉，有躯壳而无灵魂，有华丽、时髦的"外衣"而缺乏鲜活灵动的"生命"。

因此，对于写作来说，第一次转化是非常关键的，而观察则是这一步骤中不可缺少的，可以说观察是写作的源泉。观察是一种思维活动，是将现在的观察与过去的经验（表象）联系起来，进行加工改造，得到对事物的理性认识。观察中获得的丰富的表象积累，是进行加工的基础，也就是写作的基础。如果观察力较强，就能抓住现实生活中的大量材料，就会感到有东西可写，对人物、事件的描写就细致、深入、具体、生动；反之，观察力较差的学生，就感到没有内容可写。

同样是观察毛绒玩具、小动物玩具，自拟题目进行写作，学生的作文情况却大不相同。表 3-1 是二年级学生作文中观察与不观察对比实验的结果。

表 3-1　二年级实验班与对比班作文情况对比表

实　验　班			对　比　班		
成绩	篇目	情况	成绩	篇目	情况
一类文	12 篇	300 余字的 8 篇	一类文	6 篇	300 余字的 4 篇
二类文	20 篇	200 余字的 19 篇	二类文	14 篇	200 余字的 10 篇
三类文	3 篇	不足 200 字	三类文	8 篇	不足 200 字
四类文	0 篇	不足 100 字	四类文	4 篇	不足 100 字

（二）培养学生的观察兴趣

兴趣是最好的老师，是鼓舞和推动人们学习的力量，如果学生对某种事物发生兴趣，就会经常去研究它，积极参加有关这方面的活动。因此，激发学生的观察兴趣是培养观察能力的重要前提条件。为了提高学生的观察能力，首先必须培养他们广泛的兴趣，这样才能促进他们进行多样观察。同时，还要有中心兴趣。有了中心兴趣，学生就会全神贯注地对某一领域进行深入的观察。有的学生喜欢观察星空，特别是对银河、火星、月亮等观察兴趣浓厚，能长期坚持并写出观察日记。有的学生对植物很有兴趣，注意观察植物的生长过程，从播种、发芽到成长、成熟，写了大量观察日记。此时，如果教师也经常给予指导，辅助以必要的知识，不仅会培养学生的观察兴趣和持久的观察力，而且能够提高他们对事物发展全过程的表达能力。因此，教师要针对学生的特点，培养学生观察生活、表达生活的兴趣，使他们喜欢观察、乐于写作。

1. 引导学生观察他们最喜爱、最熟悉的事物

要求他们观察自己、教师、同学，观察可爱的小金鱼、美丽的蝴蝶花，观察地上的小蚂蚁，观察教室、校园……通过观察这些最熟悉、最感兴趣的事物，学生会逐步对观察产生兴趣。

如在一年级第一学期，我们进行了一次题目为《照照镜子——我长得什么样儿？》生活日记的指导教学。教师先请学生拿出自备的小镜子照自己的脸，看看自己是胖还是瘦？眼睛是大还是小？鼻梁是高还是塌？嘴唇是薄还是厚？牙齿整齐吗？有没有缺牙？……接着让学生再照镜子，引导做各种表情，看自己笑的时候是怎样的？哭的时候是怎样的？急的时候是怎样的？让学生一边看着自己，一边说自己长得什么样儿，然后再让学生分部分写，一句话写脸型，一句话写眼睛，一句话写鼻子等。其中一个学生是这样写的：

> 大人们都说我长得与众不同。椭圆形的小脸鼓鼓的。一头金黄色的头发精神地竖立着。王老师说那是因为我只爱吃鱼而不吃其他肉的缘故，不知是不是真的。和头发一样黄的眉毛下面长着又大又黑的眼睛，闪烁着智慧的光芒。我的嘴比较大，里面的牙参差不齐，不过，这并不会影响到我说话。

2. 引导学生观察大自然和现实生活

把学生带到大自然中去。春天来了，让他们感受万物复苏的生机，欣赏百花盛开的美艳，一起发现"天街小雨润如酥，草色遥看近却无"的景致；夏天来了，感受骄阳似火的炎热，聆听蝉声阵阵的美妙，一起体会"稻花香里说丰年，听取蛙声一片"的喜悦；秋天来了，感受天高云淡的凉爽，闻闻稻谷飘香的气息，欣赏"停车坐爱枫林晚，霜叶红于二月花"的独特风景；冬天来了，感受"忽如一夜春风来，千树万树梨花开"的神奇，带着他们在银装素裹的世界里堆雪人、打雪仗，体验冬天带给人们的快乐。这一切都是大自然为学生准备的观察题材。当学生来到大自然观察时，他们仿佛置身于一幅幅巨大的图画中，这些图画印在学生的头脑中，为其说话、写话奠定了基础。另外，还要引导学生随时注意观察周围的人和事。一个人如果平时留心观察周围事物，就会积累观察的经验，容易对事情作出正确的判断。

如在进行《夏天在哪里？》说话课教学前，教师让学生利用双休日到大自然中去找夏天。首先提出要求：在找夏天的过程中，你除了观察夏天的景物，寻找夏天的特点外，还可以亲自动手采集一个小的标本，可以是落在地上的树叶、花瓣，也可以是地上的小草、苔藓，甚至是一只小小的昆虫，只要它可以证明夏天的存在。动笔前，教师请学生们仔细观察自己采集的标本，一边观察一边画，画得越详细越好。安排这项内容的目的是促进学生进一步观察，因为要想画详细，就必须认真观察才行。经过这样的指导，学生几乎都可以寻找到夏天的特点。

在上述基础上，教师再进行《夏天在哪里？》的说话课教学，学生就说得十分精彩，不但内容丰富，而且突出了夏天的特点。二年级的一个学生这样写道：

> 夏天，是充满绿色的季节。夏天，也是生机勃勃的季节。虽说是炎热的，可是它也带给了我们美丽与乐趣。
>
> 今天晚饭后，我和妈妈兴致勃勃地到楼下的花园里去寻找夏天的美。
>
> 刚进花园，我就被里面的美丽景色吸引了。小草碧绿碧绿的，整个草坪就像一条绿色的地毯。地毯上面还镶嵌着各种颜色的花朵，美丽而不妖娆。周围的大树郁郁葱葱，像一把把撑开的大伞。经过一天的鸣叫，知了的声音似乎也小些了。树下，象牙色的石桌、石椅被清洁工人擦得非常干净，许多人都坐在上面乘凉。忽然，一朵怒放的喇叭花吸引了我的视线，我赶忙摘下了它。
>
> 回到家，我把那株带有叶和茎的喇叭花拿在手上仔细观察。粉红色的喇叭花美丽极了，好像一个害羞的小姑娘。花朵下面缀着几片心形的叶子，叶子上还稍微带有一些斑点，大概是刚才有虫子在上面吸吮过里面的水分吧。另外一根茎上，还有含苞待放的花蕾在点缀着，为这原本没有光彩的茎增添了亮色，使其好看多了。

二、观察技能的培养

小学生在观察事物时，常常只看到事物表面明显的特点，而看不到事物内部或事物之间的联系，更不善于揭露事物的本质特点。如何才能帮助学生观察，提高他们的观察能力呢？教学中，我们主要做了五方面的工作。

（一）观察之前向学生明确观察的目的，并将目的具体化

在培养学生的观察能力时，教师首先让学生了解观察的目的和任务。对于低年级的学生来说，这个目的和任务不能是笼统的，而应该具体化。比如观察一个静物，若教师要求说出事物的外观，学生就会对它的外观进行描述，若教师要求说出事物的用途，学生就会着重说出该事物与人类的关系。如果没有明确的观察目的和任务，学生就很难进行深入观察。

例如，在进行《校园里的石榴树》一文的观察指导时，教师向学生提出明确的观察要求：校园里的石榴树给你留下了什么印象？秋天，石榴树上的树叶是什么颜色，什么形状的？石榴是什么形状，什么颜色的，像什么一样？因为有了具体的观察要求，学生在进行观察后，说了这样一段话——

> 校园里有两棵石榴树，特别美丽。秋天，石榴树特别好看。树叶有绿的，有黄的，还有半绿半黄的。树上挂满了大石榴，它们有黄的，有红的，还有半黄半红的，像一盏盏小灯笼挂满枝头，把树枝都压弯了腰。

学生正是按照教师提出的要求一步一步地进行观察，所以说话才条理清晰、层次清楚。由此可见，这一步对于观察说话课是多么重要。

（二）培养学生的观察技能

在指导学生进行观察时，除了明确观察目的和任务外，教师还要培养学生一定的观察技能。

1. 培养学生有序观察

有序观察是指按照合理的顺序，有目的、有步骤地观察事物。然而，小学低年级的学生受生理及心理认知水平的限制，知觉的无意性、情绪性比较明显。他们缺少有系统的观察能力，往往东看一眼西看一眼，没有条理；观察笼统，不仔细，往往只注意鲜明的颜色、生动的神态和刺激性较强的部分，忽视那些虽然细微但又比较重要的部分。因此，学生说起话来常常次序颠倒，前后衔接不够连贯，不能完整地说一句话。这说明他们认识事物、分析事物不是按一定顺序进行的，是杂乱无章的。针对这种情况，想要使学生的观察富有成效，必须指导他们按一定顺序观察事物，学习观察事物的具体步骤，培养他们有序观察的技能，这样学生才能写出条理清楚、内容具体的文章。通过实践，我们认为小学低年级可以用的观察方法有三种。

一是由整体到部分或者由部分到整体的观察。这是一种最常见的观察方法，一般用来介绍一件事物。首先对该事物整体轮廓有一个认识，再由整体到部分，仔细分析其中各个部分以及各个部分之间的关系，最后由部分到整体，精确、全面地认识整体。观察各个部分时，要有系统性，或从上到下，或从左到右，或由表及里，这样观察事物才会全面，不会遗漏。如《毛绒玩具》的脸部教学，教师让学生先说说毛绒小熊的脸给他什么感觉，再指导学生从上到下写毛绒小熊的耳朵、眼睛、鼻子和嘴四部分。经过教师的指导，学生是这样写的：

毛绒小熊的脸很可爱。在它又圆又胖的脑袋上竖着一对半圆形的耳朵，好像在仔细地听附近有没有蜜蜂的声音。耳朵下一双乌溜溜的大眼睛像两颗正在发光的黑宝石，嵌在小熊的脸上。眼睛下面是一个棕色的、向外突起的小鼻子，好像在闻蜂蜜的香味。一张小嘴总是冲我微笑着，好像在说："小主人，我们出去玩吧！"

二是按方位顺序观察。按方位顺序观察，可以由上到下，由左到右，由远及近，由外及里。如在教学《美丽的学校》一课时，我们让学生站在操场中间进行观察，指导学生按中间、东、南、西、北的顺序来观察校园，对学校的整体进行全面介绍。学生是这样写的：

我们学校真漂亮！学校中间是全新的塑胶操场，里面是碧绿的仿真草坪，外面是400米长的、红白相间的椭圆形跑道；操场东边是宽敞的红色大门，我们每天都是从这里进入学校的；南边是整齐的护栏，值得一提的是护栏网上那几十块荣誉铜牌，每当我看到它们时就感到无比自豪；操场西边是我们最喜欢的攀岩墙，上面还画着活泼的图案呢；北边就是我们学习和生活的教学楼了，粉色的楼身鲜艳美丽，其间还镶嵌着五颜六色的彩色条纹，整齐的铝合金窗子干净明亮，教学楼墙面的东侧"朝阳实验小学"六个金色大字格外引人注目。

三是按事情发展顺序观察。写事是低年级学生习作涉及的一种题材。在对《这件事教育了我》进行指导时，教师除了要求学生写清时间、地点、人物以外，还要求学生按事情的起因、经过、结果的顺序写作。一个学生是这样写的：

一开始，妈妈让我爬一次试试，可我怕掉下来不肯爬。妈妈说："如果不爬就什么都别想玩！你看，那么多小孩子爬都没事，你怎么能出事呢？你又不是在爬石头，是爬绳子。"在妈妈的威逼利诱之下，我勉强答应了。我硬着头皮往上爬，心里有些紧张。没想到我爬的时候，下面的人都说："这小孩爬得真好！看她爬得很轻松。"听到人们的赞美声，我渐渐地不再害怕了，越爬越顺利。最后，终于顺利完成任务。

不难看出，这个学生是按事情发展顺序观察的：不肯爬—硬着头皮爬—听到夸奖—顺利完成任务。这种观察的方法还可以用于由播种到收获、由开幕到闭幕、由开始到结束等各种写事的观察。

2. 抓住特点观察

特点，就是某些事物区别于其他事物的特殊之处。人有外貌、品质方面的特点，物有外形、颜色、构造等方面的特点。在观察中，我们注重引导学生抓住事物的本质、特点，而不只是"看"。如在对《我的铅笔盒》一课进行指导时，教师没有告诉学生应该写什么，而是先让学生说说自己铅笔盒的与众不同之处，启发学生可以从铅笔盒的来历上讲，可以从铅笔盒的形状、颜色上讲，也可以从铅笔盒质地、构造上讲，还可以从铅笔盒的外观图案、用处上讲。教师先让学生仔细观察自己铅笔盒的形状、颜色、质地、构造、用途，然后再让学生从几个不同方面说说自己的铅笔盒。为了让学生抓住铅笔盒的特点，不让学生的思维成为定式，教师大胆地让学生选择其中的几方面说。有的学生说："我有一个长方体的铅笔盒，是妈妈送给我的，我很喜欢我的铅笔盒。"然后，又有几个学生也是这样说的。为了培养学生的想象力，教师鼓励学生说："谁能说得和他们不一样？"这时，有的学生说："'六一'儿童节那天，妈妈送我一个铁铅笔盒，这个铅笔盒外形特别有趣，是一辆红色的大汽车形状，上面画着许多乘客，真可爱，我喜欢极了。"学生们的积极性被调动起来了。于是，教师鼓励学生把铅笔盒最显著的特点写下来。这样，学生就慢慢学会了对周围各种事物的"观察"，而不只是"看"，写出的文章也不是千篇一律了。

3. 要经常创设情境，引导学生观察

根据低年级学生年龄小、注意力易分散、形象思维占优势的特点，教师创设各种活动情境，让学生在轻松愉快的气氛中进行观察。在课堂上，教师设计多种多样符合学生年龄特点的情境，调动学生生活感知、生活积累，使学生在口语交际中说得真实、说得具体、说得有趣，从而有效地培养学生的观察兴趣。在课堂外，教师把学生带出去观察自然，选取情境，开拓学生的视野。让学生去接触社会，了解生活，体验生活，从生活中挖掘取之不尽、用之不竭的作文资源，丰富写作素材。

在上《吹七彩泡》这节说话课时，教师先让学生们拿着事先准备好的吹七彩泡的材料到操场上吹泡泡。先轻轻吹，再用力吹，让学生观察泡泡的样子。让学生们随意吹，想想自己是怎样吹七彩泡的，是一口气连续吹出来的，还是一口一口地吹的？吹出来的泡泡是怎样的？泡泡是怎样飞在空中的？最后让学生边看边联想，并用文字表达出来。一个学生是这样写的：

> 今天，老师带我们到操场上吹泡泡。我左手拿着瓶子，右手拿着吸管，先把吸管在肥皂水里蘸一蘸，再放在嘴边轻轻一吹，吹出了一串泡泡。泡泡圆圆的，有大的，有小的。有时两个泡泡粘在一起，像一个葫芦；有时三个泡泡连在一起，像熊猫的头；有时许多泡泡连在一起，像一个五光十色的大彩球。泡泡五颜六色的，有红的，有黄的，有绿的，还有蓝的，美丽极了。泡泡自由自在地飞在空中，望着泡泡，我想：泡泡也许会飞到埃及，看看埃及的金字塔是什么样的。我想泡泡已经飞到了埃及，正在参观金字塔。我多想变成泡泡，跟它一起去看金字塔。

一节课下来，学生们不但对说话课产生了极大兴趣，而且写作的欲望也越来越强烈。从他们的眼神里可以看出，他们是在一边回忆当时的情景，一边展开想象，一边表达的。因此，教师在说话课上要大胆创设情境，使说话课"活"起来。让学生动起来观察周围的事物，比教室中靠教师讲解、闭门造车更能激发学生的兴趣，学生更乐于说话。从活动中学习描绘景物的方法，学习有序地观察，学生印象才深刻。

4. 调动学生多种感觉器官参与活动，引导学生观察

在教学中，任何直观形象都是复杂的复合刺激物，必须靠学生多种感觉器官联合活动观察，才能产生良好的知觉效应。虽然认识一个事物，视觉的参与约占观察活动的 90%，起着最主要的作用，但视觉不是唯一的感觉器官，听觉、嗅觉、味觉、触觉都是能够感知外部世界的器官，所以观察是人脑通过各个器官对客观事物的一种认识过程。比如，让儿童感知图片上的物体，一组只用听觉来感知，一组只用视觉来感知，另一组用视觉和听觉共同来感知，同时还让学生高声地说出这些物体。结果只用听觉的一组，能正确重现 60%，只用视觉的一组，能正确重现 70%，而听觉、视觉和言语动

觉同时并用的一组则正确重现 86.3%。①因此，在教学活动中，教师要充分调动学生的各种感觉器官参与观察活动，让多种渠道的信息传入学生的大脑皮层，使大脑皮层的活动积极活跃起来，以培养和发展学生的观察力。教学时，教师要有计划地组织活动，如系鞋带比赛、词语接龙比赛、贴鼻子游戏、寻找春天、观察一种水果等。在活动中，教师要指导学生仔细看、认真听，通过摸一摸、闻一闻、尝一尝，尽可能调动学生较多的感觉器官参与活动。

如在对《辨别液体》一课进行指导时，教师先取出 6 个装有无色液体的烧杯，请学生辨别瓶子里装的是什么。学生通过眼睛看，选出冒着气泡的烧杯里装的是汽水。接着，请学生用鼻子闻，他们很快就辨别出白醋和白酒。然后，请学生用嘴尝，学生立刻辨别出纯净水、糖水和盐水。学生通过眼看、鼻闻及口尝很快掌握了 6 种液体的特点。最后，教师让学生总结辨别液体的方法，然后将辨别的经过按照看、闻、尝三步各用一个小结写出来。一个学生是这样写的：

> 今天的说话课上，我们做了一个有趣的实验。老师拿出 6 个透明的烧杯，里面都盛满了透明的液体。正当我们纳闷时，老师说今天要让我们来辨别一下这 6 个烧杯中分别盛的是什么液体。这可怎么辨别呀，都是透明的……正在我发愁时，老师说让我们用眼睛仔细看，我左看右看，忽然发现其中有一个烧杯中的液体有气泡，其余的却没有。啊，那里面一定装的是汽水。我说出了自己的答案和理由，完全正确，真高兴！接着，老师请一位同学上前去闻这 5 种液体，那位同学很快认出其中的白醋和白酒，原来，它们都是有强烈气味的。剩下的 3 杯是什么呢？这时，老师拿出筷子，请一位同学去尝尝那 3 种液体，只见他用筷子蘸一下，尝了尝第一杯液体，他立刻说："这是白糖水。"用这种方法，他辨别出另两杯分别是盐水和纯净水。

---

① 朱智贤.儿童心理学[M].北京:人民教育出版社,1993:354.

再如，在对《我喜欢的一种水果》一课进行指导时，教师让学生拿来自己喜爱的水果，看一看水果的形状和颜色，摸一摸水果的表面，闻一闻水果的香味儿，再咬上一口，尝一尝水果的滋味。让学生的眼、手、鼻、口等多种感官参与观察活动，使学生真正体会到水果的形状、颜色和滋味。这样一来，学生在写时，不但不会感到没的可写，反而在写时能用上很多形容词，而且也能写出自己的亲身感受。学生写完后，教师问他们为什么能写得这么好，学生说："我写时，水果的形状、颜色就在眼前，味道也像是刚刚才尝过似的。"可见，调动学生的各种感官参与观察活动是多么重要。二年级的一个学生这样写道：

> 我最喜欢吃的水果是奶葡萄。奶葡萄一串串的，像很多绿宝石雕在一起，每一颗都是青绿色的，椭圆形的，外面总有一层白霜似的东西，看上去总让人觉得是刚摘下来的一样。摘下一颗放在嘴里一咬，又酸又甜，好吃极了，我非常喜欢吃。还记得我第一次吃它的时候，看见那青绿色的外皮，我就想：那么绿，一定很酸。我硬着头皮摘下一颗放在嘴里，闭上眼睛，轻轻地咬了一下，一股甜甜的汁涌了出来，我细细地品尝着，好甜呀！一下子我吃了好几串，这比紫葡萄还好吃呀！奶葡萄，要不是我亲自去品尝你，也许到现在我也不会真正认识你。

5. 培养学生随时观察的习惯

贝弗里奇说："培养那种以积极的探究态度关注事物的习惯，有助于观察力的发展。在研究工作中养成良好的观察习惯比拥有大量的学术知识更重要，这种说法并不过分。"一个人有了持久的观察习惯，他能克服观察过程中所遇到的各种障碍和困难，把观察进行到底，而观察力正是在这种锲而不舍的过程中得到锻炼和提高的。

低年级学生有着很强的好奇心，对那些古怪的事物往往有很大的兴趣，但对生活中看似平常的现象则心不在焉，观察时往往是粗糙的、肤浅的，所以提高学生观察的自觉性，使其养成观察习惯，对于上好说话课起着非常重要的作用。在课上教师要随时随地指导学生观察。比如刮大风，教师就要带学生观察这一自然现象。首先让学生听刮风时的声音，然后看树、地上的纸、行人的样子。再如，观察自己的小书包，观察人物的动作（教师刚走进教室到上课前的一系列动作），观察天上的星星等。日久天长，学生就会养成随时观察生活的习惯。

三、想象力的培养

爱因斯坦说："想象力比知识更重要。因为知识是有限的，而想象力概括着世界上的一切，推动着进步，并且是知识进化的源泉，严格地说，想象力是科学研究的实在因素。"想象是形象思维的主要方式，其实质是表象的改造过程。因此，说话教学中要在观察的基础上给学生提供充分想象的机会，让学生练习说想象性的东西，促使学生发展形象思维，提高表达能力。

（一）有计划地进行想象性说话训练

在进行《贺年卡》这节说话课的教学时，教师让学生从贺年卡的形状、颜色和质地进行描述。为了培养学生的想象力，使他们的思维更加活跃，教师还请学生说说自己贺卡上画的是什么图案。课堂一下子活跃起来。一个学生这样说："我做的贺年卡上画的是一个美丽的小姑娘在草地上跳绳。"接着，一个学生给她补充道："贺卡上画着一个漂亮的小姑娘，她扎着两个小辫子，穿着一身花裙子，在青青的草地上跳绳。"还有一个学生继续补充道："她一边跳绳，一边还唱起了歌……"教师让其他学生对发言同学的描述作评价，学生们肯定了两位同学不仅注意按顺序表达，而且说得具体，还想象出跳绳的小姑娘当时的心情。接着，教师又提出一个问题："你这张贺卡是送给谁的，你想对他说些什么？"学生们又七嘴八舌地议论起来，有说送给老师的，有说送给同学的，也有说送给爸爸妈妈的。不知不觉中学生们对贺卡上要写上去的内容已经说了很多了。

（二）让学生编故事，进行想象性说话训练

想象是人们在头脑中把原有表象加工改造成为新的表象的思维方法。学生有了丰富的想象力，才会写出好的文章。为了培养学生的想象力，在《猫和圆》的说话课上，教师先让学生观察猫的生活习性以及猫玩线球时的样子。上课时，教师一边出示猫和盘子的图画，一边讲这个故事。学生的积极性被调动起来，都在积极地想猫和其他圆东西的故事。于是教师又为学生提供很多圆的物体，再让学生回忆猫玩线球时的情景。然后，让学生想一想猫和圆的东西之间会发生什么事。学生借助生活中的观察，在脑子里出现了许多猫和圆东西之间的故事。学生在编故事时，教师又提醒他们想象要合情理。学生在经过思考后，都能编一个合情理的猫和圆的故事了，并且各有特色。这节课不但训练了学生的表达能力，而且培养了他们的发散思维，可谓是一举两得。

让学生从日常接触到的事物中，任意选择其中的两种或三种事物作为目标，对其进行细致观察，了解其特点，进行合理想象并自编童话这种训练方法使学生对说话课的兴趣很高。例如，我们曾经借助动物头饰，创设了一节生动有趣的童话故事教学课。首先由教师精心制作一个胖猪娃和小蚂蚁的头饰，让学生津津有味地欣赏胖猪娃和小蚂蚁的头饰。教师问学生："你们喜欢胖猪娃和小蚂蚁吗？"吸引学生的兴趣后继续发问："胖猪娃为什么这么胖？"引导学生得出"胖猪娃不劳动，靠人喂胖，不值得学习"的结论。接着，教师又问："蚂蚁是一种什么样的动物？"引导学生得出"蚂蚁勤劳，热爱劳动，值得学习"的结论。在学生认识胖猪娃和小蚂蚁的本性后，教师再适时引导学生创作童话故事，说："旱季到了，粮食歉收，胖猪娃和小蚂蚁会做什么事？"学生们根据教师的提示，从胖猪娃和小蚂蚁的生活习性、劳动本领等方面展开创造性的想象活动，创编了一个个情节各异、结局各异且富有教育意义的童话故事。

四、表达能力的培养

（一）培养学生口齿清楚、声音洪亮地回答问题

一年级第一节说话课的内容是让每个学生说："我是一年级（　　）班的学生，我叫（　　　　）。我家住（　　　　　　）。"为了让学生说起来不感到吃力，课前往往让学生先问清楚家庭住址。让学生说第一句话"我是（　　　　），我叫（　　　　）"的目的是让学生说话口齿清楚、声音洪亮。接着，又让学生说第二句话"我家住（　　　　　）"，并要求学生说得慢一些，以便让老师和同学找到所说的地址。如此加大了学生的说话兴趣，学生讲话的声音也更加洪亮，口齿也更清晰了。

等每个学生说完，教师又让学生把这两句话连起来说。这一下，有的学生感到有些困难了。于是教师先给学生作示范，让学生跟着自己一起说，然后又让学生之间互相说，最后提出谁先举手谁先说。一节课下来，学生基本上都能说出这两句话。为了让学生进一步练习，教师又让学生把这两句话讲给爸爸、妈妈、爷爷、奶奶听。

（二）指导学生先按一定顺序观察，然后用语言清楚地表达出来

大千世界，林林总总，形形色色，人们是怎样识别它们的呢？就是通过观察。儿童是从观察中学会思维、学会表达的，观察是儿童识字、说话、阅读、写作的基础，是儿童认识客观世界的第一步。因此，观察是进行说话课最重要的一步。苏联教育家苏霍姆林斯基说："在低年级，观察对于儿童之必不可少，正如阳光、空气、水分对于植物之必不可少一样。在这里，观察是智慧的最重要的能源。"

如在上《贺年卡》一课时，为了让学生观察静物，上课前教师先让学生自制了一张贺年卡。上课时教师问学生："谁能说说这张贺年卡是什么样子的？"学生七嘴八舌，各抒己见。有的说用什么做的，有的说贺年卡的形状，有的说贺年卡上的图案……教师一一肯定了他们的回答，然后说："你们这样说显得有些乱，怎样说才能更清楚呢？"接着教师指导他们按照材质、形状顺序边看边用完整的话叙述。一个学生回答："是用硬纸卡做成的。"又一个学生说："这张贺年卡是用硬纸卡做成的。"我们让学生对这两种回答作比较，让他们懂得后面的说法更完整，别人听了更明白，进而要求他们用这样的方法回答第二个问题，说出："这张贺卡是长方形的。"这时要求学生把这两句话合并成一句话。学生经过练习，作出如下回答：

> 我做的这张贺年卡是用硬纸卡做的，是长方形的。
> 我做的这张贺年卡是花花绿绿的。
> 我做的这张贺年卡是五颜六色的。

这样，学生用自己喜欢的词语说出了贺年卡的样子。最后，教师让学生按照这个顺序连贯起来，说出如下一句话：

> 我做的这张贺年卡是用硬纸卡做的，是长方形的，五颜
> 六色很好看。

经过教师的不断指导，学生可以将混乱的思维整理清晰，用语言表达出来，这是学生可喜的进步。

（三）指导学生观察生活，展开想象，美化语言文字

大自然是发展儿童观察力、想象力，发展学生思维和语言的源泉，是培养学生观察兴趣和观察习惯的重要场所。由于学生年龄和知识水平的限制，他们很难在观察后像成人一样出口成章，因为他们的语言大多是未经过修饰的语句，这样写出的文章并不精彩。要想让学生的文章变得生动起来，这就要求教师在平时的教学中加以引导，日久天长，学生便可以对词语运用得灵活自如了。比如在观察后的描述过程中，让学生注意打比方、拟人、拟物，把星星闪烁看成"小星星在向我们眨眼睛，在同我们说话"。注意启发学生把眼前观察到的事物与往日观察到的事物联系起来，以往日的观察和想象来补充眼前观察到的事物，加深对眼前所观察事物的认识。这里介绍几种方法。

1. 词的联想

利用学生敏锐的感受力，把字的内涵加以推广延伸，可以提高学生文章描绘的能力。例如，由"火"而联想到光明、热情、温暖，由"新绿"而联想到活泼、希望、生命、喜悦。

2. 意象的联想

告诉学生用快乐的心情来看世界，世界就会变得更可爱、更多姿多彩。让学生对身边的事物加上美丽的联想。例如：

a. 天下雨了，蘑菇作伞。

b. 天热了，风替我们扇凉。

c. 下雨了，马路上出现了一朵朵会走路的花。

d. 秋天到了，风用树叶儿吹口哨。

e. 大风把树枝吹得乱摆，不时传来呼呼的响声，好像是在过狂欢节，庆祝蓝天的到来。

3. 换句练习

让学生换一种方式描写。例如："妹妹有一个像苹果似的脸蛋"，可以说成"妹妹的脸蛋好像是一个红苹果"；"爸爸生气的时候，就像是火山爆发一样，使我非常害怕"，可以说成"哇！ 火山爆发了，我们被爸爸生气的样子吓得赶快溜走"。

4. 扩句练习

用自由发表的方式，让学生练习把短句慢慢加长，这样可以增加学生的信心。例如，扩展句子——"一只小鸟"。

a. 一只快乐的小鸟。

b. 树上有一只快乐的小鸟。

c. 树上有一只快乐的小鸟，啾啾啾地歌唱。

d. 大榕树上，有一只快乐的小黄鹂，啾啾啾地唱着歌，告诉大家："春天来了。"

通过这些有意识地培养想象力的训练，学生的语言表达能力有了很大提高。

说话课教学改革是整体教学改革的一个重要环节。它不可单项进行、一蹴而就，而要求全面把握、系统考虑、整体推进，要求有严格的科学性，按照人的认识规律和发展需要进行。这需要广大教育工作者不断钻研探索，只有这样，说话课教学改革才能真正落到实处。

第 二 节
看图作文

"看图作文"是训练学生观察、说话、写话的重要补充。"看图"实际上是一种静态的观察，"看图说话写话"就是要使这种静态的观察动起来，让 "静止"的画面"动起来"。要想使静态动起来，就需要调动头脑中大量的表象积累，也就是平时观察积累的内容。观察积累的内容越多，学生了解事物就越多，表象积累就越多，思路自然就开阔了，看图说话写话自然就有内容了。"问渠哪得清如许？为有源头活水来。"观察为看图说话写话提供了丰富的表象，所以观察是看图说话写话的活水源头。

那么，我们将如何以观察为源头，充分利用看图作文这种形式培养学生说话写话的能力呢？我们认为可以从如下几个方面入手。

一、积累表象、创设情境，使学生有的说

在上看图说话课之前，我们要让学生观察大自然以及生活中真实的事物，那里是学生进行观察最好的场所。学生在观察后会积累大量表象，并会将其带到课堂上。这样在教师创设的情境的引导下进行看图说话写话的训练就会水到渠成。例如，在上观察单幅图《动物园》这节课的时候，我们做了一个小小的实验，分别在两个班内进行。

在对照班，教师把书上的图放大并提出问题：图中都有哪些动物？它们在干什么？让学生直接看图练习说话。

在实验班，教师事先留好作业，让学生利用休息的时间到动物园里观察小动物。课堂教学时，教师创设一种动物园的情境，利用录音机播放一些动物的叫声，让学生看完图后闭上眼睛想，然后拿走图再练习说话。教师提出相同的问题：图中都有哪些动物？它们在干什么？比较结果见表3-2。

表3-2　两个班学生看图说话写话情况对比表

	问　题	学生回答问题情况	举手回答问题的人数
对照班	图中都有哪些动物？它们在干什么？	（1）一只猴子在树上荡秋千。 （2）两只白天鹅在河里戏水。 ……	25人次
实验班	图中都有哪些动物？它们在干什么？	（1）一只金色的小猴子在荡秋千，它荡得真高，嘴中发出叫声，看起来很高兴。 （2）两只白色的天鹅在水面上游来游去，让我想起了骆宾王的《咏鹅》："鹅，鹅，鹅，曲项向天歌。白毛浮绿水，红掌拨清波。" ……	35人次

通过比较，我们很容易发现：对照班的语言比较简单，回答问题的人数比实验班的人数少。实验班则不同，语言生动，表达时加进了自己的想象，思路也更加开阔。由于采用了这种形式，学生的观察积极性被调动了起来，回答问题自然就有的说了。

由于小学生的思维以形象思维为主，他们的情感总是在一定的情境中产生的，所以教师在训练学生看图说话写话时必须有意识地创设情境、渲染气氛，充分调动学生头脑中已有的表象，为学生创造"有话可说，有话要说"的语言环境，帮助学生捕捉写作时机，激发学生的写作情感。

从上述对比实验中可以看出，对照班没有帮助学生积累表象，没有充分地调动学生记忆中的表象。学生的观察描述被图片上的内容所束缚。而实验班则不同，拿走图片后，当图片第二次在学生头脑中展现的时候，其实也就是学生的再造想象在起作用，学生说出来的语言也就是学生再造想象的结果。有的学生说："老师，我闭着眼睛比睁着眼睛看见的东西还要多，我觉得很好玩。"这说明学生对于想象有感觉了。因为闭着眼睛的时候，正是用心在看的时候，闭着的是眼睛，打开的是心。用心的想象是最美、最丰富的想象。当这种想象力的训练达到一定程度的时候，学生就能把观察到的景物进行想象了。

下面引录一篇用这种方法训练后一年级学生写的文章。

动　物　园

今天我们参观了动物园，动物园里的动物可多了，有小猴子，有海狮，还有白天鹅和熊猫。我最喜欢白天鹅。其中一只白天鹅在低头看水中的倒影，并且想自己好漂亮呀；另一只抬头向远方看，不停地叫唤着，仿佛在呼唤它远方的朋友。我听爸爸说现在有一些坏人专门杀害天鹅，那么我想这只天鹅一定在寻找它的其他伙伴。看到动物园里的这些动物，我想动物是我们人类的朋友，我们应该保护动物。

二、教给方法、理清表象，使学生有条理地说

通过平时的观察，学生的头脑中积累了很多的表象，但这些表象是杂乱无章的，需要教师给予恰当的指导，帮助学生理清表象。那么，我们如何来帮助学生理清表象，清楚地描述图片上的内容呢？这就要教给学生一些看图的顺序，告诉学生一些看图的方法。

看图作文有单图和连图两种形式。

对于单图，我们可以指导学生从左至右、从高到低（或从低到高）观察；对于较复杂一点的单图，可以从空间角度，从远及近

（或从近及远）、从整体到局部（或从局部到整体）进行观察。例如，在观察图画《愉快的课间》时，课间是学生非常熟悉的，每个学生的头脑中都积累了大量的表象，但是这些表象是杂乱的、无序的，所以在观察图画时，我们就指导学生按照一定的顺序——从近及远或从远及近地观察。先让学生观察近处的小朋友在干什么，然后一点一点向远望去。近处清晰的画面我们可以具体地说，而远处模糊的画面我们可以简单地说。这样就做到了作文内容的详略得当。

《愉快的课间》

图 3-1

连图，即内容有联系的几幅图，大多反映与人物或动物有关系的一件事，所以我们要按照事情的发展顺序去观察、说话。例如，看图说话《小兔运南瓜》就是一组连图（见图 3-2）。三幅图讲述了小兔来到南瓜园，看到成熟的大南瓜，积极动脑筋想办法，终于把南瓜运回家的故事。

《小兔运南瓜》

图 3-2

教师要引导学生观察其中的每一幅图，对每一幅图都说几句有逻辑的话，然后让学生把这三幅图连起来说一说。小兔先是来到了什么地方，它看到南瓜是什么样子？它在想什么？它看到了什么？想些什么？最后它是怎样做的？根据教师提供的思考题，学生可以按照这一顺序去观察说话。

　　一天小兔来到了菜园里，发现了一个又大又黄的南瓜。它想："我怎样才能够把南瓜运回家呢？"它抱起了大南瓜，往家走。但是没走多远，它就累得满头大汗，于是它就在路边休息。这时候小熊猫骑着自行车路过，看着小熊猫飞快转动的自行车轮，小兔灵机一动，想出办法来了。它把南瓜立了起来，像车轮一样推着高高兴兴地回家了。回到家后，妈妈很是吃惊，奇怪地问："你是怎么把南瓜运回来的？"小兔得意地说了自己的办法，妈妈夸它很聪明。

学生知道了观察图的顺序后，教师还要指导学生掌握一些观察图的方法。

1. 对比看图法

比较是一个鉴别的过程，只有通过比较才能提高学生的观察能力。比较看图法适合多幅图。比如，在看图说话课《种花》这节课中，一共有四幅图，每一幅图上都有小明和他在花盆中种的花，但不同的是每幅图小明的表情和花的成长状态都是不一样的，这就要求学生对比观察。在对比中学生发现，小明的表情由平静到看见种子发芽的兴奋，再到看见开花时的愉悦，有一系列的变化。重点是花的变化：由第一幅图的种子到第二幅图的小嫩芽，到第三幅图长了很多叶子，到第四幅图的开花，这是花生长的一个完整的过程。我们引导学生观察的时候，就要比较每幅图的不同点，让学生按照这样一个顺序观察，如此一来，学生说出的话自然是有条理的。

《种花》

图 3-3

2. 重点观察法

在事物完整的发展过程中，必定有一个环节是主要的，这个环节也是重点要观察的对象，写作的时候也是要重点写的部分。重点观察训练对于培养学生抓主要问题、抓中心环节、掌握大局很有帮助。

例如，在观察单幅图《小鸭子得救了》进行看图编故事的这节课中，救小鸭子的方法是重点，教师引导学生重点写这一部分。

小鸭子得救了

看到小鸭子掉进坑里，小动物们都非常着急，小猴子灵机一动，想出办法来了。它叫来了自己的猴子伙伴，用尾巴钩到树上，就像捞月亮一样，拉成一串，不一会儿就把小鸭子救上来了。

再比如，在观察动物园里的动物的时候，动物园里的动物很多，要是每个都细细地写就会没有重点，这时教师要指导学生重点观察一种自己喜欢的小动物。

动 物 园

今天，老师带我参观了动物园。动物园里的动物可多了，有小猴子，有海狮，还有白天鹅和熊猫。我最喜欢的是活泼可爱的大熊猫。其中有一只叉开腿，坐在地上吃嫩绿的竹叶，还有一只正趴在地上捡竹叶。他们吃得可香了。我想："动物园里的动物们生活得真快乐！"

学生重点观察了大熊猫，所以文章里重点写的也是大熊猫，读后感觉详略得当。

3. 定位观察法

"横看成岭侧成峰，远近高低各不同"，这是苏轼在《题西林壁》中的诗句，说的是由于人们所处的位置不同，对同一事物会有不同的理解。学生进行观察总要选择一定的位置，即确定一个观察的视角。在不同的视角下，人看到的可能是事物的不同形象。在教学活动中，教师应有意识地突破传统的观察习惯，从一些不常用的角度引导学生去观察叙说，这样会让学生有一种发现"新大陆"的感觉。

例如，在教学《一种我最喜欢的水果》这一课的看图作文时，教师选择了橘子作为观察对象。以往的观察方法是站在橘子旁观察它的形状、颜色。这次换一种角度，让学生把自己想象成为一个非常小的人，来到橘子内部，这时再让他们说所见到的。学生不仅乐于表达，还会有一种身临其境的感觉。这样学生说得就非常具体，同时也发挥了自己的想象力。有的学生说："我站在橘子中往四周看了看，呀！我被一张白色的大网包围着，这是橘络。橘子内部有一间一间的小房子，里面住着许多亮晶晶的橘肉。"让学生假设的本质就是训练他们的想象力。长此以往，学生就不会局限于一般的观察顺序。

可见，变换观察的视角，往往能开阔学生的眼界。在观察的过程中，我们要训练学生适当地变换视角，从不同的位置，用不同的手段进行观察，从而发挥学生的想象力，提高学生的观察能力，丰富学生头脑中的表象。

文章是为了表达人们的思想。儿童的思想是从哪里来的呢？是生来就有的吗？不是，只能来源于观察和阅读。小学低年级学生阅读的文章有限，如果不会观察和体验，没有一定的表象积累，那么他是写不出文章来的。观察是有序的，学生观察过程中的思维活动也是有序的，如此写出来的文章才不至于杂乱。在引导学生观察的时候，教师要提示观察的顺序，教给学生观察的方法，使学生的观察活动进入有序状态，让学生获得的材料有序地储存于记忆中，为学生有条理地表述做好准备。

三、看图上图，想图外图，使学生生动地说

联想是由某一事物想到另一事物的思维过程，联想是形象思维的基本方法之一。"看图上图，想图外图"这种方法，就是表象的联想法。

一篇文章写的如果单纯是学生看到的内容，那不一定很生动，如果加进去一些联想的内容，文章就会变得生动了。我们在进行看图作文教学的时候，要使学生真正看懂一幅图或几幅图，常常要对图外内容展开联想。教师每次让学生做看图说话的练习时，一般分为两层意思：一层意思是抓住图上的主要内容，观察图上图；一层意思是推导图外图。小学生认识事物主要是从感知形象开始的，各种各样的形象是想象的支柱，要利用图画帮助学生积累丰富的表象，训练他们用生动的语句，把所感知的形象完整、连贯、明白地表达出来，发挥语言在想象中的调节和表现作用。把观察和联想结合起来，启发学生观察、思考，适当地展开联想和想象，使学生的心灵进入更加广阔的意境之中，这样必然加深学生对情境的理解和体验。当情感被激起，学生写作的动机便一触即发。

例如，说话课《谁的本领大》展示了文具们的对话和神态。神态是学生观察到的内容，根据它们的表情和动作，联想文具之间的对话。教师抓住这两点对学生进行训练。首先在一个繁星满天的夜晚，伴随着《小夜曲》优美的旋律，教师把学生带入了小明的文具盒里。忽然听到一阵吵闹声，原来是文具盒里的辩论会开始了，今晚的主题是"谁的本领大"。这样一种情境一下子激起了学生的兴趣，使得他们乐于观察、乐于想象。这时教师马上说："文具们都认为自己的本领大，他们是怎样争论的？他们的动作行为和面目表情

又是什么样的？"学生非常踊跃地回答。有的说："穿花裙子的铅笔非常骄傲，眯着小眼睛，拍着胸脯，根本不把其他文具放在眼里。"教师马上抓住这个机会提问："我们通过观察知道铅笔很不服气，那么它会对其他的文具说些什么呢？"铅笔所说的话是图上没有的，也就是图外图，换句话说就是学生想象的结果。这样学生就会根据自己观察到的情景想象铅笔的语言。学生们各抒己见，有的说："我的本领才是最大的！要是没有我，谁来帮助小明写字，画画？"……

《谁的本领大》

图 3-4

低年级的教材中图画非常多，充分地利用这些图画资源提升学生的想象力效果很好。通过这样的训练，一年级的学生可以写出 300 字的文章。请看下文。

* * *

谁的本领大

夜晚，人们都进入了梦乡。突然，小明的书包里传来了一阵吵闹声。原来是文具盒里的文具们在开大会，大会的内容是："谁的本领大？"

首先发言的是铅笔妹妹，只见它穿着一件漂亮的花裙子骄傲地说："我的本领最大！小明写作业都得用我，要是没有我成吗？……"铅笔妹妹还没说完，尺子哥哥自豪地迈上演讲台抢着说："我的本领才是最大的，小明画直线，写等号少不了我！"铅笔和尺子都发过言了，就剩下橡皮弟弟还没发言。只见矮墩墩的橡皮弟弟挺起胸膛大声地说："不对，不对，其实我的本领才是最大的！你们画错了、写错了，我不帮你们擦,看你们怎么办? 缺了我是不行的,所以我的本领最大。"他们吵得正激烈的时候,铅笔盒妈妈说话了:"孩子们别吵了! 其实你们的本领都很大,缺了谁都不行,只有你们齐心合力、团结一致,小明的作业才会写得更好。"文具们听了铅笔盒妈妈的话都惭愧地低下了头,再也不争了。

推导图外图,实际上就是加进去一些联想,加进联想的文章会生动很多。例如,看图说话课《橘子和苹果》,图意是这样的:第一幅图,一个小朋友一只手里拿着一个剥开的橘子,非常疑惑地看着橘子;第二幅图,小朋友把目光投向了挂在树上的苹果。根据这幅图说一段话。如果没有联想的参与,这段话的内容会非常单调。加进联想,这段话就生动多了。一个学生这样说道:"一个小朋友剥开橘子皮,看见里面分成许多的橘子瓣,就纳闷地问橘子(这是观察到的结果):'你为什么是一瓣一瓣的呀?''是为了让你分给大家。'橘子回答。'可是苹果,你怎么不分瓣呢? 是让我一个人吃吗?''不是的,'苹果回答说,'是为了让你把我整个送给人家啊!'"(对话就是学生联想出的结果)

所以,推导图外图,可以使学生的习作更生动、有趣。

四、根据内容,后续故事,提高学生的看图作文能力

对于小学低年级学生来说,许多看图作文的内容都是非常生动的故事。我们在辅导学生理解图上的内容以后,为了提高学生的看图作文能力,一般都让学生写出后续故事。后续故事实际上就是给文章加进想象的内容。

在设计后续故事《龟兔赛跑》这样一节课上,教师首先向学生明确了这节课的目的和训练重点,让学生充分发挥想象力,想象出龟兔第二次赛跑的结果。

伴着音乐,看着图画,教师开始给学生讲述龟兔第一次赛跑的故事,学生们认真地听着,完全沉浸在龟兔比赛的激烈赛场中。乌

龟取得胜利后，兔子很不服气，再次向乌龟挑战，于是它们准备进行第二次比赛。第二次比赛的结果会是什么样呢？下面的内容就由学生来完成。这节说话课给学生以充分的想象空间，续写的结果更是多种多样。

结果一：兔子第一次比赛输了非常不甘心，第二次比赛时，兔子记住了上次的教训，再也不睡觉了，一口气跑到了终点。结果兔子取得了胜利。

结果二：第二次比赛时，兔子记住了上次的教训，于是比赛一开始就非常努力。但跑着跑着，兔子回头看到乌龟累得满头大汗，心想：小乌龟虽然爬得慢，但是非常努力，要是我和乌龟并列第一就好了。想到这里，兔子就跑回到乌龟身旁，驮起乌龟跑了起来。结果兔子、乌龟并列第一。

结果三：第一次比赛，乌龟取得了胜利，但是乌龟并没有骄傲，准备迎接兔子的第二次挑战。在比赛当天，乌龟想出了一个好办法，在自己后背上安装了一个发动机，结果当然是乌龟赢了。

学生们经过丰富的想象，写出了好几种不同的结果。由此可见，调动学生头脑中已有的知识和表象，能够十分有效地提升学生的想象力。德国诗人歌德幼年时母亲就常常给他讲故事，每天讲到"且听下回分解"的地方就停住，以后的故事让歌德自己去想象。幼年的歌德为此做了各种猜想，有时还同他奶奶商量，等待着第二天故事情节的发展。第二天母亲在讲故事前，先让歌德说他是怎么想的，然后自己再讲。当歌德猜中时，她就高兴地叫起来。歌德的想象力就是这样提升起来的，这为他后来写剧本和小说带来了巨大的益处。教师就要利用一切可以利用的机会诱发学生的想象力。

看图续编故事是学生创造和想象的过程。教师事先出示一幅图，为学生的续编创设童话的情境，激发他们想象的兴趣。学生们对电教媒体为他们提供的表象进行组合、加工、改造，同时唤起自己头脑中有关的记忆表象来充实，又自然地融进自己的感情色彩，于是一个个生动的故事就诞生了。

| 第 三 节
生活日记 |

写日记的好处在于：一个人每当动笔的时候，总会把一天中经历的事情想一想，这样就会起到促使其思考的作用，可以锻炼人的思维能力。还有，在写日记的过程中，人往往要对一天中的言行作一番剖析，做得好的，就会自觉地发扬，不对的、不好的就会自觉地自我批评。学生日记的内容主要来自于生活，来自于平时的积累，而学生作文材料也是来自于此。因此，教师要引导学生走进生活、体验生活，到生活中去积累材料，去寻找写日记的"下锅之米"，使学生的作文水平不断地提高。

一、长期坚持写日记可以提高作文水平

我们发现，长期坚持写日记对于一个人写作水平的提高起着很重要的作用，简单地说，体现为以下几点。

（一）写日记可以积累大量的作文材料

很多小学生愁作文、怕作文。愁什么？主要愁"没的写"。怕什么？主要怕"没话说"。叶圣陶老先生曾经说过，写一篇文章或是一部著作显然是一段时间的事，但是大部分是平时积累的表现。日记，一日一记，不知不觉中会积累下很多作文材料，材料积累多了，再写命题作文时，就不会出现"等米下锅"和"无米之炊"的窘境。

（二）写日记可以对平时经历的事加深记忆

从学生写的日记中可以看出，他们最喜欢写的就是生活中有趣的事。双休日父母带自己去公园玩，自己喜悦的心情就在笔尖流露。孩子喜欢多彩的生活，每一次活动都给孩子新鲜的感受。通过多次这样的体会，孩子对外部世界的感受就会越来越深刻，对问题的思考也会越来越深入，将来写文章也就会得心应手。

比如，有一个孩子的父母双休日带他去了北京天坛的回音壁。孩子在语文课上知道回音壁的奇妙，可是他并没有亲身经历过，来到天坛公园以后，他首先去的就是回音壁，仿照书上写的去说话，让他的父亲在另一边听，然后让父亲在这边说话，他在那边听，这下他亲身体会了：这边的人对着墙轻轻说话，那边的人就能听到。回来他在日记中写道："天坛的回音壁真是太奇妙了，我原来只是在书上学过，现在亲身经历了一下，感到劳动人民真了不起。"这次体验使孩子又重新认识了课本上的话，而且对文章的思考也深入了一些。

（三）写日记可以促使学生课外阅读

以读后感的形式让学生记录所读书籍，自己读书后产生了哪些困惑，学到了哪些知识，这些都可以成为日记的内容。日久天长，学生不仅在写日记上有所提高，还会在课外知识方面积累很多东西。

例如，有个学生写了一篇名为《我的十万个为什么》的日记。

◆◆◆

我的十万个为什么

这套《十万个为什么》是在 2001 年买的，上下册共 30 元钱。那时我正在家里玩，妈妈回来了，就给我带回来了这两本书。我急忙打开书来看，题目有《动物怎样给自己治病?》《鸟儿飞行怎样辨别方向?》《海洋里的动物是怎样睡觉的?》《鸟儿在电线杆上为什么不会触电?》《树木为什么到了秋天会落叶子?》《向日葵为什么"向日"?》等。我一口气看了很多故事，知道了很多知识。妈妈给我买的这套书真好!

从上面这篇日记我们可以看出孩子很爱看课外读物，尤其是在孩子对外界事物产生好奇和疑问的时候，家长恰到好处地给孩子补充了这方面的知识，孩子也非常高兴。从孩子的日记中我们不难看到好的课外书对孩子的影响是很大的。

还有一个学生在日记中写了《去图书馆》。

去 图 书 馆

今天下午四点，我去了图书馆。我看了一本叫《天方夜谭》的书。一个愤怒的国王下令搜捕全国的美女，而且让美女给他讲故事，讲完故事就杀掉。美丽的女孩快被杀光了。聪明的山鲁佐德给国王讲了一千零一夜的故事，终于化解了这场危机。你想听一听这些世界上最神奇、有趣、充满智慧的故事吗？故事里有《阿里巴巴和四十大盗》《四色鱼的故事》《辛巴达的航海故事》《阿拉丁神灯》等。我很喜欢这些故事，读的时候头脑中出现这些画面，我真想见见这些人，多有意思啊！

看，孩子从好的书中获得了许多启示。从小就让孩子阅读世界名著，会对孩子的一生有着潜移默化的影响。

此外，教师还应该让学生把自己写日记的本子留下来，每隔一段时间看一看自己原来写的日记。看自己在哪方面进步了，为什么。学生看过日记后可能觉得自己原来是那么的幼稚，而现在"成熟"了。许多被时间抹去的记忆变得清晰起来，学生亲身体会到自己的进步，这更增加了其写日记的信心和兴趣。有时教师也会让学生到前面来读一读他们写得好的日记，表扬他们的每一滴进步，这样逐渐地消除写日记的神秘感和恐惧感。学生慢慢地对写日记熟悉了，写得也越来越顺手了。

（四）写日记有助于提高学生的人文素养

学生写日记，可以从日记中获得进步的动力，有助于自身人文素养的提高以及思想境界的提升。写日记是一种很好的自我教育方式，在日记中经常"照镜子"，勉励自己，不断进步。在这方面，雷锋同志给我们树立了光辉的榜样。《雷锋日记》就是一个共产主义战士的成长史，每篇日记都闪烁着雷锋足迹的光辉。学生每天写日记，把所见、所闻、所思、所学、所感，通过或叙事、或抒情、或议论的方式记录下来，反省自己，审查自己，修炼自己，培养自立、自强、自省、自尊等优良品质。写日记还可以提升正式作文的思想内容和精神境界。

例如，有一个二年级学生在日记中写道：

今天我读了一个故事——《此地无银三百两》。写的是一个人把银子埋在土里，在上边插了一块牌子，写着"此地无银三百两"。他的邻居阿三把银子偷走了，也写了一个牌子"隔壁阿三不曾偷"。这个故事比喻想要隐瞒事情结果反而更糟。这个成语真好玩。这个故事告诉我，做人要诚实。

还有一个三年级的学生写道：

今天我一口气读完《铁杵磨成针》这个故事。故事写的是我国古代著名的诗人李白在少年时期学习不用功，几乎忘了学习。有一次，李白在池塘边玩耍，看见一位白发苍苍的老奶奶，只见她拿着一根铁棒在大石头上面磨来磨去。李白惊奇而又好奇地问："老奶奶，您这是做什么呀？"老奶奶说："我要把这根铁棒磨成针。"李白说："能行吗？"老奶奶说："一定能行！只要不放弃，就一定能行。"听了这句话，李白受到很大的震动，马上回家学习，天长日久，经过努力，他终于成为一位伟大的诗人。我觉得一开始他不用功不好，但经过他的努力，长大以后成为一个很有用的人，我应该像他学习，努力用功，长大以后也成为一个很有用的人。

这篇日记虽然有许多的不足之处，但是它却表达了一个孩子善良而美好的愿望，从一个名人的故事中获得了一些启示，有所得。

二、教师指导学生写日记

（一）有效地指导学生观察，可以提高学生写日记的水平

低年级学生的日记有一大部分是从看图说话开始的。日记写得

是否到位，主要是看学生观察得是否仔细，所以从一开始教师就要教给学生观察的方法，比如从上到下、从左到右，看图的同时加上自己合理的想象。教师指导学生写日记与不指导的效果是不一样的，我们在各年级中抽出了 10～15 篇各个不同层次学生的生活日记，通过对学生日记的分析我们看出：学生日记没有指导和有指导在字数上相差一倍左右。就从三年级学生来说，指导前学生写日记只有四五十字，经过指导后可以写到 200 字左右。下面是一个对比表（见表 3-3），可以清楚地看出指导前和指导后学生写日记的不同。

表 3-3　指导前和指导后学生日记字数的变化

年　级	指导前字数	指导后字数	差距字数
一年级	30	62	32
二年级	56	98	42
三年级	65	152	87
四年级	95	190	95
五年级	210	340	130
六年级	280	465	185

从上表我们不难看出，在教师不指导的情况下，学生日记字数比较少，指导后的日记字数可以提高约一倍。

例如，给二年级学生一幅画，画上是一个小孩子和爸爸在公园里照相。如果没有教师的指导，学生会这样写：小红和爸爸在公园里玩，她看见这里的花很好看，就跟爸爸说要照一张相片，爸爸就给她照了。而教师会对学生作一番指导，比如"在什么时间、在哪个季节，他们会说些什么？他们会想些什么？结果怎样？"，经指导后学生在日记中写道：

今天是星期天，爸爸终于同意带我去团结湖公园玩。早上我和爸爸高高兴兴地来到公园。公园里的人不多，甬路两旁有很多花，有蝴蝶花、月季花、小雏菊，千姿百态，异常美丽。我看到这些花，不禁说道："爸爸，这里太美了，您给我照一张相吧!"爸爸高兴地拿出相机,给我挑选了一个最好的位置,然后就给我照了一张相。我想,相片洗出来一定特别好看!这次去公园玩我真高兴呀!

从上面的对比我们不难看出,在教师指导后,学生观察图画的详细程度有很大的提高。可见,教师有效指导是提高学生日记水平的方法之一。

(二)教给学生一些写作的方法

小学生写日记,无非是写人记事、写景状物等,要想写好这类文章还要让学生掌握写法、把握规律。这些写作的规律单靠作文课上的练习是不够的,还要求教师平时给予一些具体指导。比如写人,可通过一件事写人,也可通过几件事写人,可表现人物一个方面的特点,也可表现人物几个方面的特点,要抓住人物的外貌、语言、动作、神态来展示其内心世界。若要写一件事则要注意:记叙要完整,"六要素"缺一不可,时间和地点要表述清楚,内容具体而有条理,事情的经过要详写,人物描写要生动具体、用准人称,写出真情实感。若写几件事,则要注意:中心明确,先后有序,有详有略,注意几件事之间的联系,让几件事紧密地成为一个整体。写游览的过程按照一定的顺序,把游览的过程和所看到的景物有选择、有重点地写下来,写参观日记要按时间的顺序,将参观时所见所闻有选择、有详有略地写出来。让学生掌握这些写法的最佳途径是教师结合范文进行剖析,使学生从读写中领悟。

日记之所以与作文不同,就在于它不受任何"约束",不受课本限制,不为教师左右,题目可自拟,内容可自选,形式可多样化。针对这一特点,在学生掌握了基本的表达方法之后,教师可以鼓励他们从生活中取材,以"生活"为基础,以"真实"为准则,以"新颖"为前提,去描绘那丰富多彩的校园生活、喜怒哀乐的家庭生活、五彩缤纷的社会生活、绚丽多姿的自然生活。

(三)丰富学生日记的内容

丰富多彩的内容可以提高学生的写作兴趣,因此,教师要从实际出发，针对学生喜欢的书写内容给予相应的指导。以下几个方面可供学生在写日记时进行参考。

1. 写社会生活中的"新"

步入 21 世纪，各方面的飞速发展带来社会的巨变和进步，新事物、新人物、新气象、新观念层出不穷。稍加留意，学生就会发现这里面有取之不尽、用之不竭的日记材料，如《我家的变迁》《插花》《我家的三只菜篮子》等。

另外，新奇的事情也是学生写日记的一个方面。学校毕竟不是社会，有许多事物在学校是接触不到的，因此社会这个大课堂中值得写的东西也不容忽视。要注意的是，当学校教育与社会教育发生碰撞使学生产生疑惑的时候，如果学校教育能够把社会上一些好的东西传达给学生，让学生能够自觉地抵制不良影响，那么学校教育就是成功的。这在学生的文章中也有体现，有个三年级学生在日记中写道：

> 今天，太阳高高地挂在天上，放出了耀眼的光芒。平安大街上要举行演出。我和妈妈坐在亭子上等着演出……出来啦！一辆辆花车展现在眼前，有一部花车上写着：中国。车的装饰和人物的服饰都是具有中国民族特点的。下一个是日本，显示出的是日本的特色。此外还有美国的卡通人物。最后是法国的，他们吹着两米多长的喇叭，真是了不起！这次演出，我印象最深的是服装，让我看到不同的国家有不同的民族特色。

2. 写人们心灵中的"美"

每个人都有他的优点与长处，我们应该注意指导学生发现周围每个人身上的"美"，语言美、行为美、情操美、道德美以及形象美等，把周围人身上蕴藏的正直、无私、善良、淳朴、勤俭等美德挖掘出来，如《我的好朋友》《公共汽车上的遭遇》《我的同桌》等。

学生在日记中写自己的家庭联欢会、过生日、帮父母干家务活等。在日记中可以看出学生与家人的感情是通过一点一滴的生活琐事建立起来的。有的学生写自己在家中做家务劳动后的感受，比如有个二年级学生在日记中写道：

> 今天天气非常凉爽，奶奶去市场买了一些白菜。可是这些白菜怎么搬到楼上去呢？奶奶可着急了。我说："奶奶您别急，我来搬。"我每次只搬两棵白菜，上上下下很多回，终于搬完了。回到楼上我喘着粗气说："奶奶，我长大了，我会帮您干活了！"

文章中的学生多么懂事，这反映出一个学生良好的道德品质。

3. 写大自然中的"奇"

大自然中的春夏秋冬、日月星辰、山川田野、风霜雨雪、雷电冰雹、花草树木、鱼虫鸟兽等，千姿百态，变化莫测，奥秘无穷，美不胜收。大自然中蕴含着多么丰富的日记材料，如《雷雨》《下雪了》《天上的云》《一场大雪》等。下面是五年级学生写的《火烧云》：

> 吃过晚饭，我趴在窗子上，看天上的火烧云。天空一会儿灰蒙蒙，一会儿金灿灿的，一会儿半蓝半黑，一会儿半青半橘红色。看着看着，天空中出现一只可爱的小白兔，这只小白兔是卧着的，样子好像很疲惫似的。一会儿，这只小白兔突然站了起来，竖着两只大耳朵，一直往前跑，好像发现了什么似的，跑着跑着，小白兔的尾巴变得又大又圆，头却模糊了。慢慢地，这只小白兔就消失了。

4. 写人们交往中的"情"

人们在彼此的交往中，会产生崇高的友谊，萌发人间的真情，也可能产生各种误解、矛盾，相互间会产生很多复杂的感情。这感情的海洋有多少五彩缤纷的"浪花"值得留在日记里，如《给父母的一封信》《好女不跟男斗》《我和我的老师》等。有个二年级的学生写自己和妈妈同时发烧了，自己生病后什么都不做，就躺在床上，可妈妈却连续几天带着她去医院打吊针。妈妈一心照顾她而忘了自己的病，直到她的烧退了，妈妈才休息。这件事太平常，简直不值得写，可就是这样的小事体现出了人类最平凡也是最伟大的感情——母爱。

5. 写周围的"物"

建筑物、礼物、生活用品、文化用品，一支粉笔、一把扫帚、一支蜡烛、一根火柴、一盏台灯、一个时钟、一张照片、一样玩具……把它们特殊的功能、不同的来历、独有的特点记下来就是状物的文章。如果把由它联想到的人和事或道理也写下来，由此及彼，由表及里，以小见大，就更有意义了，如《我的自动铅笔》《我的小橡皮》《储蓄罐》《一对小瓷娃》等。下面是三年级学生写的《校园的秋色》：

> 今年秋天，秋高气爽，老师带我们去看校园的秋天。柿子树上的柿子笑红了脸，椭圆形的叶子慢慢变红了，有的渐渐变黄了，秋风一吹就离开枝条飘落下来。杨树锯齿形的叶子很大很大，很绿很绿，它的树干特别粗，强壮的树干很硬。但是随着天气变凉了，它的叶子也渐渐地变黄了，飘落在地上，就像给大地盖上了一层被子。

6. 写学习中的"学"

每天，学生都会从老师那里，从课本上，从课外读物中，从其他人那里，学到很多的知识，用日记随时记下"所学"，常翻常想，可以帮助理解，增强记忆，温故知新，如《一堂有意思的劳动课》《有趣的小实验》《考试之前》等。

写学校生活方面的日记可以让学生在平凡中感受幸福与快乐！比如教师让学生回家问一问爸爸妈妈小时候的学习条件是怎样的，现在跟他们那个年代有什么不同，对此有何感想。学生回来后在日记中写道：

> 我妈妈小时候在这所小学里上学，那时校园很小，也很破旧，可是马校长就是在那样的环境中教书。马校长的学生学习成绩特别好，她也很爱她的那些学生。每一次见到马校

长，她总是面带微笑。现在我又在这所小学读书，当年的马老师已经成了马校长。我们的学习环境也有了很大的改变，老师们都认认真真地上课，给我们批改作业，我们的每一间教室都有电脑和大背投，教学手段相当先进。我们更应该好好学习，更应该比爸爸妈妈学得好。

下面是一年级学生写的《手工课》：

今天我上手工课做了一个纸盒。我先把做纸盒的材料拿出来，然后按照图上的标记开始剪裁。我先把图剪下来，把要折的地方都折得很好，之后涂上颜色。老师夸我做得好，还拿我的作品在全班展出，我非常喜欢上手工课！

7. 写心中所"想"

人总是有思想的。心中的愿望，所见所闻的感想，对周围人或事的看法，甚至心中的烦恼、苦闷、委屈等，都可以在日记中尽情地倾吐，如《妈妈，我想对您说》《我的烦恼》等。下面是五年级学生写的《诚实》：

上个星期，我们语文考试了。以前我的成绩十分好，每次单元测验我总是全对。但在这一次考试中，我突然有一个字不会写。为了不让别人看出我有不会写的字，便胡乱写了一个字。考试完毕后，我一查书，果然错了，但我还是装作若无其事的样子，还吹牛说我全对了。

今天，试卷发下来后，我急忙查看成绩，可是，成绩栏上却写着一个又红又大的优字。我疑惑不解，连忙看那个错字。一看，上面竟有个对勾。原来，老师没有判出来这个错字。顿时，我的心咚咚咚地跳，心想是给老师看呢，还是自己悄悄地改了呢？我经过反复思考，最后选择了悄悄地改。我趁同学们不注意时，把那个字改掉了。

晚上，我回到家后，又拿起那张卷子，望着那个鲜红的优字，我脸上火辣辣的，突然"诚实"这两个字出现在我眼前，我准备明天让老师帮我把成绩改过来。

虽然,这件事情已经过去了,但它时刻教育我要诚实守信。

8. 写读书或看电影电视后的"感"

现在课内外书籍报刊应有尽有,电视电影遍及城乡,把我们带进知识的海洋,让我们受到深刻的教育和启迪。其中有很多内容值得记下来,永远保存,如《读〈滥竽充数〉有感》《读〈十万个为什么〉有感》等。下面是二年级学生写的《不喝水的树袋熊》:

小朋友们,你们见过不喝水的树袋熊吗?今天我给大家介绍一下吧!这种动物不是几天不喝水,而是一辈子不喝一口水,它就是"考拉"。考拉生活在澳大利亚的树林中,"考拉"就是不喝水的意思。考拉不喝水没有什么奥秘,只是因为它吃树叶,不吃其他的食物,更不吃肉。树叶又新鲜又嫩,含有充足的水分,它只吃树叶的水分就足够了。

9. 写劳动中的"苦"与"乐"

在学校,学生们经常要参加一些活动,如课外体育活动、班队活动、自我服务性劳动、公益劳动等,从中学知识、学技能,其中有艰辛,更有欢乐。把这些用汗水换来的欢乐与成果记录下来,就是一篇很有意义的日记,如《拌凉菜》《洗衣服》《第一次做家务》等。下面是六年级学生写的《沏茶》:

今天,我沏了一杯菊花茶。我先把几个小菊花放到玻璃杯里,再倒上开水,我发现菊花马上争先恐后地挤了上来,茶水也立刻变成了浅黄色。过了两三分钟菊花吸饱了水,花瓣一片片掉了下来。轻轻摇晃杯子,它们就变成了一群淘气的孩子。有的像孙悟空,在水中一个劲地翻跟头;有的像一只蝴蝶,一个劲地摆到这儿、摆到那儿,好看极了;有的像一片叶子在水中打转,活泼可爱;还有的……过了一会儿,花瓣颜色变浅了而茶水的颜色却变深了。把杯子放在阳光下,娇小的菊花瓣是那么晶莹剔透,仿佛是一件无价之宝。现在茶水已不那么烫了,我就想尝一尝,刚拿到嘴边,就感到香味扑鼻,使人心旷神怡。喝一口,啊! 真好喝,如果再加上一些冰糖,就会更加甜美了。

茶有许多种,菊花茶喝下去开始有一点苦和涩,后来就慢慢地变甜,让人回味无穷,好像人生一样。听说喝这种茶不仅能解渴还能去火呢,我以后要多喝点菊花茶,因为它能让我变得更加健康!

10. 写童年的"趣"

我们的学生天真活泼、好奇好动、争胜要强,有时也免不了做些傻事,但常常傻得可爱,充满童趣,这是儿童生活中独有的。把这些乐事、趣事记下来别有一番情趣。下面是一个学生写的《种蚕豆》:

上个月,老师发给我们每人几颗蚕豆,我把它种在了姥姥家的楼下。每一次下楼,都会看到它。我每次看到蚕豆都会想到我的学校、老师和同学,我真希望"非典"过后,我们赶快回到学校,真心盼望这一天早日到来。

这些学生的日记,从生活的不同方面写出了他们眼中的世界。他们用自己的眼睛观察生活,用自己的笔写生活,这些日记表达了他们的真实情感,表现了生活的真善美。

第四章

阅读是写作的基础

　　总有家长和学生问老师，怎样提高写作能力——每每被问及的时候，总觉得一言难尽。从长远看还真的别无他法。我们也希望有个什么"速成大法"，学生和老师都能免去许多烦恼，但这是不可能的事情——在我们眼里，"速成"作文，就好比流水线上制作出来的"快餐"——"快餐"能饱肚子，可若想从中品尝美味几乎是不可能的。实践证明，想真正提高写作能力，还是要走"多读多写"这条路。

第一节
阅读教学的意义

　　阅读教学是语文教学的基本环节。在小学语文课堂教学中，阅读教学所用的时间最多。阅读教学的质量高低，在很大程度上决定着整个语文教学的质量的高低，还关系到小学阶段语文教学目的能否圆满实现，教学要求能否全面达到。阅读教学的意义，主要体现在以下几个方面。

一、阅读教学是识字的重要途径

汉字是表意文字，且有一字多音、一字多义的特点。多音字只有在词语中才能读准字音。例如，"重大"和"困难重重"中的"重"，语言环境不同，字的读音也不相同。至于字义，很多时候只有在阅读中联系句子，了解字词反映的具体内容，才能确切理解。例如，《我要的是葫芦》这篇课文中有这样一句话："花谢以后，藤上挂了几个小葫芦。"其中的"谢"字，不是学生已知的"谢谢"的意思，而是指花"脱落"了。这里的"挂"字，也不是通常所说的把东西挂起来的意思，而是指"生长出"。识字的核心是准确理解字词的意思，建立对词的概念，这样才能牢固地建立起字的音、形、义之间的联系，才能做到随时积累和运用。而结合阅读来识字，体现了在语言环境中识字的指导思想，对于提高识字质量、促进语言发展有着重要的作用。

二、阅读教学能够提高听话、说话和写作能力

阅读教学，凭借词、句、段、篇着重进行理解书面语言的训练。诚然，朗读、默读、思考等是阅读教学中最经常、最重要的训练，而聆听别人是怎么理解的，彼此交流个人的理解，就离不开问答、讨论、口述等方式的训练，这些训练必然使听说能力不断得到培养和提高。在阅读教学中，学生不仅要理解课文内容，受到思想教育，而且要逐步理解和积累词语，认识用句子表达思想感情的种种方式，了解作者是怎样确定中心，怎样选择材料、组织材料，怎样遣词造句、连句成段、连段成篇的，并且从中学习作者观察事物、分析事物的方法，提高认识能力。阅读得其道，无论在思想吸收方面或者技术训练方面，都是对写作上的极大帮助。阅读教学应当也能够做到从读学写、以读促写。

三、阅读教学可以使学生增长知识、发展智力

小学阅读教材的内容非常丰富，天文、地理、生物、数学、物

理、化学无所不包，涵盖五千年、纵横八万里。学生阅读了教材中的几百篇课文和自读课本中的大量文章，了解了大千世界中形形色色的事物，开阔了眼界，丰富了知识，必将活跃思维，提高认识能力，促进智力的发展。例如，教学《蛇与庄稼》这篇课文，学生从字、词、句的联系中，认识到在蛇与庄稼的关系中，田鼠的多少影响着庄稼收成的丰歉。这样，学生不仅理解了课文，懂得了一点生态平衡的知识，而且从中学到了要联系地、辩证地看问题。

四、阅读教学可以使学生在潜移默化中受到思想教育和美的熏陶

教材中的每篇课文都凭借着语言文字形式，负载着一定的思想内容，正所谓"文以载道"。例如，《自然之道》告诉学生要尊重自然规律，《钓鱼的启示》告诉学生要自觉遵守社会规则。教学中如果正确处理语言文字训练和思想教育的关系，学生就能在听、说、读、写训练的过程中，受到热爱祖国、热爱中国共产党、热爱社会主义的教育以及辩证唯物主义的启蒙教育和社会主义道德品质及中华传统美德的教育。

第二节
阅读与写作的关系

有人这样打比方——用古代八卦图的阴阳二鱼比喻学生听说能力的养成。《汉语文教材概论》一书第七章第四节"审视读与写的关系"这一部分讲道："（八卦）图中的阴阳二鱼是相互包孕的一对矛盾统一体。阳鱼代表听，阴鱼代表说，眼睛则代表蕴含在对立面中的生育的种子。小孩学语始于听话，在听的同时，已经埋下了说的

种子，这颗种子逐步生长，才生出了代表说的阴鱼。就在阴鱼（说）生长的同时，又孕育着更大更新的阳鱼的种子。二者就这样相互依存、协同演进，并且代表听的这条阳鱼，永远比代表说的阴鱼发育得要硕大丰腴，从而激励说的种子竭力生长。"

这个比喻真是妙极了！阅读与写作何尝不是这样的关系？当学生听着大人讲的童话故事和童谣时，表面上他们是在听，可换个角度看，这不正是阅读行为的开始吗？上学后，学生开始阅读大量的文章，然后动笔写文章。不断地阅读，不断地观察生活，积累内容，写作水平才能提高。简单地说，阅读和写作是"相互依存、协同演进"的关系。

阅读对于写作有四个好处：其一，多读书能让学生开阔眼界、思维活跃；其二，熟悉各种表达方式，领会不同笔调的短长轻重，融会贯通，还可以推陈出新，把意思表达得更明确、更生动；其三，用心观察，吸收"思想"（包括各种知识）；其四，学"思路"，即条理。多读书，是学生在观察生活后，将观察后的直接经验和阅读后的间接经验结合后转化为自己表达的基础，即学生观察生活解决了没内容可写问题，通过阅读又熟悉了如何表达（方法），作文的困难自然就没有了。

一、阅读是写作的基础

读书是提高写作水平及文学修养的重要途径。所谓"取法乎上，仅得其中"，学别人的总免不了要比别人差一截，只有自己站得高了，看得多了，才能写出像样的文章。这里的读书不仅是课本里的文章，更包括适合学生的课外读物。因此要鼓励学生在认真阅读课文的基础上有选择地读一些文学精品。虽然开始会有一些难度，但提高阅读兴趣、培养语文素养是要从小抓起的。小学生开始阅读的年龄越早越好，阅读的范围越大越好。低年级学生侧重提高想象能力，可提供童话寓言、民间故事、古诗和通俗的小文章。中高年级学生主要培养文学的表达力，阅读内容则以经典文学为主。读书可以陶冶情操、净化心灵，而且学生在写作时也会有意无意地去模仿所阅读的书中或课文中的一些生动描写，如优美的词汇、精练的句式、严谨的段落结构等。学生通过大量的阅读，在写作时会发现自己的笔下不再是青涩，而是有了些棱角、有了些圆润，这就是在书海中畅游之后的积淀。所以我们说阅读是学生写作的基础。

小学生的写作是建立在阅读的基础上。那么，小学生又是怎样把阅读的内容反映到写作中的呢？在小学生写作的初期，模仿所阅读的作品是他们的本能。这既是儿童的一种心理特点，也是他们作文起步的台阶。在作文教学中，语言形式的习得、表达内容的选择，往往从模仿所阅读、讲解的课文开始。低年级照样子写句子；中年级仿照课文写片段，按一定的顺序排列句子；高年级观察一处景物仿照课文的样子写一写。这些都是根据阅读的内容进行习作的。因此模仿习作是学生学习写作的一个必经的过程。只有通过大量的模仿，到主动地运用，逐步发展到创造性地运用，使之变成自己的东西，才能随心所欲、落笔生花、放笔成文。我们从许多名人传记中找到一个共同的特点，就是他们在小时候有大量的阅读作为积累，比如，我国当代文学家、教育家叶圣陶先生，小时候常常跟随父亲去说书馆听书和看昆曲，七八岁时已听完《三国演义》《水浒传》《三笑》《英烈传》《珍珠塔》等书，从中受到感染和熏陶，这为他后来在文学上取得成就打下了坚实的基础。从这个意义说，学生的写作建立在大量的阅读的基础上。

二、在阅读中学习写作

作文是吸收与倾吐的循环过程。阅读作为积累是吸收，写作是内化后的倾吐。经过一段时间的阅读积累、模仿运用、内化升华，学生在不知不觉中开始了"用笔说话"。他们在写作初期通常会把他们所阅读的文章中感到精彩的部分，诸如开头、结尾、人物描写、景物描写、篇章结构等当作写作的模仿对象。我们可以从学生的习作中，明显地看出他们阅读的轨迹。

（一）局部描写

《翠鸟》一课中对翠鸟的外形有一段精彩的描写："它的颜色非

常鲜艳。头上的羽毛像橄榄色的头巾，绣满了翠绿色的花纹。背上的羽毛像浅绿色的外衣。腹部的羽毛像赤褐色的衬衫。"这段文字共有 4 句话。第一句是总起，后三句是分述，运用了比喻修辞方法。这就是它的精彩之处。阅读时学生对此描写的印象很深，因此在游览了动物园后，写下了这样一段文字：

> 大熊猫的样子真滑稽。两只眼睛周围是大大的黑眼圈，像戴了一副大墨镜。肩部和前腿是黑色的，像在白胖的身子上穿了一件遮不住肚皮的黑背心。臀部和后腿也是黑色的，像是穿了一条露着屁股的又肥又大的黑裤衩。

我们的课本中提供了不少写作范例，教师要有意识地引导学生在仿写练习中将自己在课外的阅读成果，通过思维进行重组，最后用语言文字表达出来。这是一个由抽象思维到形象思维再到抽象思维的过程，这既是其阅读积累的结果，也是思维过程的再现，是吸收与释放，对进一步发展学生的思维能力也会起到很好的促进作用。

在学习《火烧云》一课时，课后练习要求仿第五自然段写一个片段。这是激发学生想象力的一篇很好的文章。

> 一会儿，天空出现一匹马，马头向南，马尾向西。马是跪着的，像等人骑上它的背，它才站起来似的。过了两三秒钟，那匹马大起来了，腿伸开了，脖子也长了，尾巴可不见了。看的人正在寻找马尾巴，那匹马变模糊了。

这段文字先写了天空中出现了什么，然后写了这个东西的样子，接着写这个东西的变化，最后写了消失。学生开始只会单纯模仿，将课文中的"马"换成了其他动物。此时教师启发他们：我仿佛看到了由南瓜和小老鼠变成的马车和车夫……学生马上想到《灰姑娘》中的情景，接着又想起了曾经读过的许多童话故事，那些过去已储存在大脑中的知识成了学生思维的果实。渐渐地，学生理清了写作思路，许多生动有趣的语言跃然纸上。下面是教师摘录的学生习作。

　　过了一会儿，天空中出现了一年只上一次班的圣诞老人。这个圣诞老人头上戴着一个三角形淡红色的小帽，脚上穿了一双又肥又大的靴子，手上还拿着许多分给小朋友们的礼物。又过了一会儿，只见他右脚微微抬起，胡子稍稍往上翘起，好像在和着音乐跳舞。但舞还没跳完，圣诞老人就不知到哪儿给小朋友送礼物去了。

　　看着看着，天空中出现了一只乌龟和一只兔子。兔子正在跑步，乌龟正在努力地爬行，真是有趣！这让我不禁想起了《龟兔赛跑》的情景。我正想着，兔子好像已跑到了一棵大树下，而此时乌龟却不见了，我想它可能已冲到了终点。一会儿，睡在大树下的兔子也变模糊了。

　　看着看着，天空中出现了一棵枝繁叶茂的大榛树，树枝上仿佛还站着一只斑鸠鸟。这幅图画多像童话故事《灰姑娘》所描述的那样啊！灰姑娘只要对那棵大榛树说出她的愿望，小鸟就会把她希望的东西丢给她……我正想对着榛树和小鸟许个愿望时，它们都消失了。

　　看着看着，天空中出现了一条人鱼。开始时人鱼还是坐着的，可是不一会儿，这条人鱼就游动起来，尾巴一摇一摆的，慢慢地她的身体竖起来，手也伸出来了，像是在向我们问好。可是眨眼间人鱼越变越小了，好像游向了大海的深处。她旁边的云就好像是她游走后留下来的小水泡。

　　由此看来，长期以来的阅读成为学生写作的源泉，同时他们的思维也在这个提取和运用信息的过程中得到发展。

　　（二）整体描写

　　在写作中，学生会按照阅读到的文章依样画葫芦地整体模仿，即按照文章的整体结构去进行写作，虽然有时觉得缺乏创意，却是学习写作的很好的入门途径。因为文章的结构安排好了，文字的铺展也就不难了。教师要引导学生掌握文章的结构，切忌机械模仿，要努力做到"神似"。

例如，以"参观_____"为题，有的学生在阅读了《参观人民大会堂》这篇文章后，按照其写作的顺序，写出了《参观社区俱乐部》的习作。

《参观人民大会堂》一课是按照门口→中央大厅→大礼堂→宴会厅→会议厅→大门的参观顺序连段成篇的。文章描写了参观人民大会堂时的所见、所闻、所想，抓住了各部分的特征，采用了数字说明、比喻等方法，按照由远及近、由上到下、从整体到部分的观察顺序，用过渡句将各个部分连为一个整体。学生习作《参观社区俱乐部》仿照了这一写法。

初秋的一天下午，阳光灿烂，我和我的同学怀着喜悦的心情到社区俱乐部参观。

到了社区俱乐部门口，抬头可见正门上方高悬着的"社区俱乐部"五个大字，在阳光下闪闪发光。

登上台阶，四根淡青色的大理石柱子展现在眼前，正门是三扇塑钢门，上面镶着茶色玻璃，既美观又大方。

进了正门就是大厅。大厅里，迎面是巨幅壁画，画面上两个穿着淡粉色衣裙的仙女翩翩起舞。一个仙女手托着一个盘子，盘子里放着一串串紫得发亮的鲜葡萄，令人垂涎三尺；另一个仙女手捧竹笛，正在吹奏着乐曲，仿佛发出了悦耳的声音，使我不由地停下脚步倾听。大厅的侧墙是用不锈钢做成的，上面绘有《终南烟云》的画幅，画面生动逼真。大厅的天花板的中央悬挂着四个用多种彩色珠子串成的水晶玻璃大吊灯。墙壁上、石柱上装着壁灯，好像夏夜的星空一样，使人眼花缭乱。大厅的地面是用棕红色大理石做成的，晶光闪耀，能映出人的影子来。

我们顺着别具一格的旋转楼梯来到了二楼，参观了观众大厅。呀，这儿可真不错！大厅分上下两层，听工作人员介绍，下层共有两千个座位，上层是眺台，有五百多个座位。这儿的座位全是皮椅子。我一屁股坐上去，感到软软的，特别舒服。对着舞台的眺台正面悬挂着"求实、创新，为社区精神文明建设作出更大的贡献"的横幅标语。突然，我发现承担着这五百多个座位的眺台居然没有一根支撑的柱子。我不禁为设计师和建筑工人的高超技术而惊叹！每排座位两端装有指示灯，标志着排号。观众厅的墙壁是折尺形的，两边的墙上布满了一排排的小孔。据工作人员讲，这是为了消除噪音而设置的。厅里还安装有中央空调设备，确保剧场冬暖夏凉。

我们沿着舞台的一侧走去，经过休息室、会客厅、大众图书馆、阅览室等地方，来到了观众大厅下面的地下舞厅。这里更加豪华了，中间的转灯发出耀眼的光环，真好看啊！

走出社区俱乐部的大门，我不由产生了这样的念头："我一定要让爸爸、妈妈带我到这里来参加社区组织的娱乐活动！"

本篇文章，作者模仿《参观人民大会堂》的写作顺序，写出了参观社区俱乐部的门口 →正门 →大厅 →观众大厅 → 地下舞厅 →门口时的所见、所闻、所想，运用了由远及近、由上到下、从整体到部分的观察顺序，运用了比喻修辞方法及数字说明等写具体情节的方法，用过渡句将各个部分连为一个整体。我们认为，这篇仿作是作者在较深入分析、理解、把握了例文的基础上进行的成功的仿写，它是作者理解与消化后的表达。这一写作的过程，是更加深入和全面把握原文的过程，也是放笔为文、创新的过程。

三、在阅读中积累词汇

词语是文章的最小单位，只有积累丰富的词汇，才能准确地描绘不同的形象。具有同样素质的学生，由于词汇的掌握程度不同，表达能力和想象力也截然不同。词汇充实者，其表达力和想象力要比其他同学强得多。词汇在这方面的功能是人所共知的，所以，在写作之前应积累丰富的词汇，而丰富的词汇来源于大量的阅读。

学生的阅读途径一般分为课内阅读与课外阅读。所谓课内阅读，是指在课堂上阅读课本上的文章，包括阅读课文、半阅读课文和选读课文。在课堂中通过有效阅读，让学生体会文章的情感，记住文中的好词佳句。例如，在《小山村》一课，文中以突出景物的颜色来体现小山村的美，"红红的苹果"、"黄黄的梨"、"绿绿的水面"、"白白的鸭群"等。学生学完这一课后就知道在描写颜色的时候不仅可以用"红的"、"黄的"、"绿的"、"白的"等来形容事物，还可以把它们叠加起来使用，使描写更加形象、生动。在参观完植物园回来后的说话课上，有学生这样说道：

> "走进植物园的温室大棚，我看到了很多绿绿的植物，还有许多从没见过的小花，有粉粉的蝴蝶兰、白白的鸡蛋花、黄黄的地涌金莲。

其中颜色的描写，像"绿绿的"、"粉粉的"、"白白的"、"黄黄的"等词语就是模仿《小山村》一课写的。再如，在学习《秋天》一课后，学生便记住了一些描写秋天的好词、佳句，有学生在日记中这样写道：

> 今天课间的时候，我发现树上的叶子有的发红了，有的变黄了，大树仿佛穿上了五彩的衣裳。这时一阵风吹来，树上的叶子蝴蝶般飞舞着飘落到地上。

其中"有的发红"、"有的变黄"及"树上的叶子蝴蝶般飞舞着飘落到地上"均是模仿书上的词句写成。还有在学习《初冬》这一课时，文中生动地描写了初冬大雾中美丽的景色，给学生留下了深刻的印象。在学这篇课文时正巧是初冬季节，又恰恰赶上了一场大雾，于是有的学生便用上了文中的词句，也写了一篇《初冬》，虽然没有课文的精彩，却可以从文中感受到学生的文采。她在日记中这样写道：

> 今天早晨，我来到窗前。咦！对面二十层高的塔楼怎么看不见了？天空笼罩在一片白茫茫的雾气之中。我连忙喊道："妈妈，快来看！"妈妈和我一起往窗外看，笑着说："这是雾，初冬的早晨很容易出现雾。"我在心中暗暗叹道：啊！这

就是雾。初冬早晨的雾！在上学的路上，一切都变得模糊了。

公路上跑着的汽车都打开了车灯，远远望去，真像一串串小

灯笼。啊！初冬的早晨真美！

这其中描写雾的词语"白茫茫"及描写雾中景色样子的词语

"看不见了"、"模糊"、"像一串串小红灯笼"等都来自课文。

以上的一些例子说明课内阅读是学生积累词汇的一条重要途

径，为学生的写作奠定了基础。

单凭课内阅读来积累词汇是远远不够的，因为课内阅读毕竟是

有限的，若仅仅局限于课本内容，则大大缩小了学生积累词汇的空

间。因此，除课内阅读外，应从低年级起培养学生课外阅读的好习

惯，使其在阅读的过程中，不断地丰富自己的词汇，增加自己的词

汇储备，使自己的文章更加具有吸引力。课外阅读可以达到积累好

词佳句、提高写作水平的目的。因此，教师要对学生进行指导，使

学生能够在课外阅读中积累词汇。大多数低年级学生对童话、寓

言、民间故事感兴趣，所以教师可以向学生推荐此类书籍。当然也

有个别学生尤其是男孩子对科普方面的知识感兴趣，这就要求教师

要根据个体的需要，有针对性地进行个别推荐指导。这样才能使学

生在课外阅读中获得大量的词汇，为今后的习作做好充足的准备。

课外阅读中积累的词汇为低年级的说话训练添色不少。

例如，在一节看图说话课中，教师出示了四幅图，以"种花"

为主题让学生说一段话。有学生这样说道：

一天，爸爸给小军一粒花种子，小军认真地把种子种在

花盆里。过了几天，小军发现种子发芽了，他高兴地跳了起

来。小军天天给小苗浇水，小苗渐渐地长高了。过了不久，花

终于开了。小军高兴地把花端起来，左看看，右看看，怎么也

看不够。

在这段话中除了"渐渐"、"天天"是课本中学到的词汇，其余

的像表示时间的词"一天"、"过了几天"、"过了不久"，表示动作

的词"跳了起来"、"左看看"、"右看看"等均来自课外。这些词语

的运用，使这段话前后衔接连贯，尤其是几个动词的使用更是显得生动、形象。经过对这段话的分析，我们不难看出课外阅读对于积累词汇的重要性。

词汇是文章的最小单位，只有大量地储备词汇，才可能写好一篇文章。下面是学生写的几类文章。

1. 状物类

我家有个透明的鱼缸，自从奶奶买回了六条小金鱼以后，这就成了它们的家。缸里有各式各样的小石子。水清清的，小金鱼在水里自由自在地游来游去。它们的眼睛鼓鼓的，嘴巴一张一张的，身体圆圆的，尾巴一摆一摆的。小金鱼有红的、黑的，还有花的，美丽极了。

这段文字对小金鱼的描写很生动，是因为作者用上了一些恰当的词语，如"鼓鼓的"、"一张一张的"、"圆圆的"、"一摆一摆的"等。当我们读的时候，这些美丽的小金鱼仿佛就在眼前一样。"各式各样"、"清清的"等词语的运用让我们想象到鱼缸里石子的形状很多及水很清澈。我们看到这些词语中一部分是来自于课内阅读，如"各式各样"、"清清的"、"美丽"等，"有……还有……"的句式也是通过课内阅读获得的知识，而"自从"、"透明"、"自由自在"、"鼓鼓的"、"一张一张的"、"一摆一摆的"则是通过课外阅读积累的。

2. 写人物类

我的妹妹不到两岁，胖乎乎的，圆圆的脸蛋上，那水灵灵的大眼睛总是一眨一眨的，小嘴微微翘起，脸上露出天真、活泼的样子。一双白嫩嫩的小手不停地挥动着。

这则日记中小作者用"胖乎乎"、"圆圆的"、"水灵灵"、"一眨一眨的"、"微微翘起"、"白嫩嫩"等词语描写自己不到两岁的小妹妹，使得一个天真活泼的小妹妹的形象展现在读者面前，而这些词语大多来源于课外阅读。

3. 写景类

清晨，我从梦中醒来。爸爸在阳台上叫我："珂珂，快来看呀!"我急忙跑到阳台,顺着爸爸指的方向,看见东方的天边有一道红光,接着,半个太阳露出了地平线,好像这半个"火球"被一个大托盘托着。又过了一会儿,红光中猛地一下跳出红红的太阳,多美呀!

这则日记写了日出的全过程,观察仔细,描写生动,语句通顺流畅。文中把半个露出地平线的太阳比喻成"半个火球"非常形象。这则日记中多数词语是课外积累的,比如"急忙"、"顺着"、"东方"、"天边"、"红光"、"露出"、"地平线"、"猛地"等词语。

4. 写事类

今天,我们家和姐姐一家去爬云蒙山。云蒙山距北京80公里。我们开车出发了。出了北京城,我们进入了山区,汽车在弯弯曲曲的山路上慢慢爬行。突然一座银白色的山映入眼帘,我大声喊道:"快看,雪山!"大家顺着我指的方向看去:山上、树上、草上都落满了晶莹的白雪,在阳光的照耀下,发出耀眼的光。来到云蒙山脚下,我和姐姐开始爬山。我们来到一座观景台,观景台上有一块牌子,上面告诉我们这里离主峰有6600米。我们继续前行,忽然我们听到哗哗的流水声,我和姐姐顺着声音跑过去。原来是一条小溪。小溪清澈见底,里边还有许多小鱼在欢快地游着。姐姐想抓一条小鱼,可一不小心一只脚踏进了水里。姐姐穿着湿漉漉的鞋,丝毫没有减弱爬山的兴致。我和姐姐开始了爬山比赛。我们来到了鬼谷子寨,这里有一棵300岁的大榆树,人们管它叫"娘娘榆"。我和姐姐抱着这棵大榆树照了一张相。鬼谷子寨离主峰还有3900米,爸爸说:"你们太小了,再爬就该累了。"虽然我们没有爬到主峰,但是我们把这里当成了主峰。我们对着高山大喊:"我们胜利了!"山谷里回荡着我们的声音,好像是对我们的祝贺。我觉得爬山确实很累,但是我体会到了爬山的乐趣!

在这段文字中小作者把雪山的景色描写得淋漓尽致,"一座银白色的山映入眼帘","山上、树上、草上都落满了晶莹的白雪,在阳光的照耀下，发出耀眼的光"。还有对山路的描写，用"弯弯曲曲"一词直接写出了山路难行，除此之外小作者还用"汽车爬行"间接地告诉我们山路难行。文中有两次"大喊"，突出地表现了小作者初次见到雪山以及征服雪山的兴奋心情。在这篇日记中，小作者恰当地运用了丰富的词语对雪山进行了生动形象的描写，使读者有身临其境之感。文中的词语多数来源于课外，如"弯弯曲曲"、"银白色"、"映入眼帘"、"晶莹"、"照耀"、"耀眼"、"哗哗的流水声"、"清澈见底"、"湿漉漉"、"丝毫"、"兴致"、"回荡"、"乐趣"等。

从上述这些例子中我们不难发现，要指导学生学会阅读和思考，要以课本中的范文作为榜样，认真阅读、善于阅读，有意识地体味作者是如何用词的。学生除从书面语言中吸取写作营养外，平时还要从老师的讲课中，从同学的发言中，以及与别人的交谈中，吸取表达的经验，不断积累语言材料，努力将学到的好词、好句运用到习作中去。

四、在阅读中注意句子的运用

在语句的运用上，学生总是要经过从机械地模仿到自觉地运用这一过程。开始时，由于学生的阅读量不够，习作中词汇的数量较少，随着阅读量的增加，以及通过模仿练习，学生在习作中使用的词汇不断丰富起来，最终做到运用自如。

（一）多读课外书，学点修辞

❖❖❖

红 剑 鱼

记得我 7 岁的时候，姥爷给我买了两条高鳍红剑鱼，它们是一对儿。

它们的身体呈流线型，一身红色，在阳光下红光闪闪。它们的背鳍很高，像一面红旗。它们的眼睛红红的，仿佛一对红宝石。那条雄的尾巴下面长着半寸长的尾刺，游起来仿佛一位将军在舞剑。

它们吃食最有趣，它们把"长虫"鱼食一根一根吃掉后，便吞来吐去地玩儿。

平时，你走近鱼缸的时候，它们会游到缸底一动不动，当你用小棍碰它们时，它们就好像触了电一样，像闪电似的在缸里乱窜，偶尔还跃出水面，好像一位游泳运动员在游泳。

我从书上学到了一些关于红剑鱼的知识。四月，天气晴朗温暖，是红剑鱼交配的时候。交配时，雄鱼紧紧地追着雌鱼不放，这样持续五六天，随后一切恢复正常。两条红剑鱼又像往常一样在鱼缸里游来游去。交配后的一个多月里，雌鱼的食量增多。一个多月后，雌鱼生下小鱼，小鱼像一个个小红点。不长时间，雌鱼生完了小鱼，又去吃食了。雌鱼一次能生60多条小鱼呢！

我爱我的红剑鱼，我爱它性情活泼、机智敏捷。

作者在对自己这篇《红剑鱼》评论时写道：我在观察时是多方面的，如吃食、嬉戏等，文中有自己从书中取得的相关知识。的确，文中对红剑鱼的描写用词准确、简洁，反映了学生一定的写作水平。通过与这个学生的交谈得知，他经常阅读《作文大全》，文中优美的词语绝大多数都是自己积累的，也有部分是课堂上教师讲授的。当然，这还要归功于学生真实而细致的观察。

◆ ◆ ◆

孔雀和天鹅

在一片茂密的森林里，生活着许多的动物。有活泼可爱的小白兔，有歌声嘹亮的百灵鸟，也有凶猛残忍的大老虎……但所有的动物都能和睦相处。

有一天，大喇叭里传出了黄鹂清脆的声音："明天请大家到小溪边参加一年一度的森林选美大会。"正在家里梳妆打扮的孔雀听到广播后，得意扬扬地想："哈哈……选美大会上谁最美？当然是我最美！长长的大尾巴一打开，就像一把五彩缤纷、耀眼夺目的大扇子，准让大家看得眼花缭乱、目瞪口呆，谁能比得了呢?!"可是孔雀却没有想到在这个大森林里除了它，天鹅的美也是大家公认的。

第二天，大家都来到了小溪边，只听主持人一声："比赛开始!"黄鹂和百灵鸟立即放声歌唱，它们的声音十分清脆、悦耳；接着是丹顶鹤，它迈开长腿走到舞台的正中央，摆出一个优雅的动作，向动物们展示它亭亭玉立的身姿；最后孔雀和天鹅，全场一片肃静，只见孔雀展开美丽的大尾巴，不停地抖动着，婀娜多姿的天鹅理了理那洁白无瑕的羽毛，低下了头。这时，音乐响起来了，它们俩跳起了舞蹈，翩翩舞姿是那么动人，吸引了在场动物的目光。

由于孔雀和天鹅的表现不分上下，大家决定让它们俩明天进行决赛。为了展示自己的美，孔雀回到家后，把所有的金银首饰都戴在了身上。决赛的时间到了，首先上场的是天鹅，它身上没有一件首饰，精神抖擞地游到了小溪的中央，跳了一支优美的舞蹈，动作优雅，舞姿迷人。轮到孔雀了，只见它全身上下戴满了各种首饰，十分华丽，可是在它跳舞时，那些首饰把它坠得东倒西歪，在场的裁判看了连连摇头。

最后，裁判长梅花鹿宣布："本届森林选美大会之最美者——天鹅!"大家一听，都对天鹅赞不绝口。而孔雀呢，这时才惭愧地低下了头，它终于明白了自然美才是最美的。

这是一篇童话故事，全文600多字，是按照事情发展的顺序连段成篇的，文中好词佳句近30处，并较好地运用了拟人、比喻等修辞方法，且语句通顺、内容连贯，将森林中动物选美大赛的场面生动地展现在读者的面前。这些优美的语句，都是小作者在大量的阅读中得到的，并在这篇文章中得到了灵活的运用。

（二）以范文为榜样，学以致用

◆◆◆

过 佳 节

今天是农历八月十五中秋佳节，下午放学后妈妈很早就把我接回了家。进了家，放下书包我先把作业写完，然后妈妈就叫我吃饭了。吃过饭后，我们一家人做了一个有趣的游戏——贴鼻子。首先，爸爸在一张白纸上画了一个小丑娃，只见小丑娃戴着一顶白色的大帽子，一对大眼睛闪闪发亮，两只大耳朵呼扇呼扇的，它还有一张大红嘴巴，真是可爱。尽管它是那么的可爱，可是它却没有鼻子，于是爸爸让我和妈妈帮助小丑娃，给它安上一个鼻子，看一看谁给小丑娃的鼻子安得最好，还可以得到两块月饼呢！

激烈的游戏开始了，爸爸先请妈妈来玩儿，爸爸先把妈妈的眼睛蒙好，然后让妈妈原地转了三圈，再把一个水滴形的"大鼻子"递给了妈妈，妈妈摸索着来到小丑娃前，想了想，一摁，哈哈！原来妈妈把"大鼻子"贴到了小丑娃的嘴巴上了！接下来该轮到我了，跟上次一样，爸爸把我的眼睛蒙了起来，这时，我的眼前一片漆黑。爸爸把"大鼻子"递给了我，我拿着"大鼻子"原地转了三圈，然后，我用手量了量，估计一下鼻子应该贴在哪儿，一摁，嘿！"大鼻子"正好贴在了小丑娃鼻子的位置。哦！我赢了！我可以吃月饼了！

今天，我真高兴！

《过佳节》一文向我们描述了作者在中秋节和家人玩了一个有趣的贴鼻子游戏。文中有 3 处语句生动、优美，这些语句在小学四年级之前都是在教材中出现过的。

◆◆◆

杜　果

我最爱吃的是杜果。

杜果又长又圆，和九十粒瓜子差不多。它全身黄色，上面是深黄，中间是金黄，下边就是浓黄了。

不太熟的是小个的，全熟的是大个的。

有一次，我把杜果的皮都给吃了。

我太爱吃杜果了。

这篇文章从形状和颜色上描写杜果，有一定的顺序。学生也积极地进行了想象，"杜果又长又圆，和九十粒瓜子差不多"，作者想运用比喻来描写杜果的形状，但语言表达不清楚。全文措辞简单，叙述平白。在教师的指导下，他对自己的文章进行了修改。

◆◆◆

杜　果

我最爱吃的是杜果。

杜果又长又圆，就像一个巨型的大瓜子。它全身是黄色，上面是深黄，中间是金黄，下边就是浓黄了。许多的杜果堆在一起，在强光的照射下金光闪闪。走近它，闻到阵阵诱人的清香，馋得自己垂涎欲滴。

我经常吃杜果，也特别会挑选。不太熟的是小个的，全熟的是大个的。

有时，我吃杜果连皮都给一块儿吃了，舍不得浪费一点儿。你看我多爱吃杜果。

经过修改，文中出现的好词语都是从课文中学到的，在作者的灵活运用下，文章有了一些进步。

一个学生在描写第一次参加绘画比赛时写道：

……比赛就要开始了，我匆匆忙忙地拿起了一支毛笔就往纸上画。当我发现这不是支用来画画的笔时，又匆匆忙忙地拿来另一支毛笔重新画了起来……眼看别的同学就要交卷了，我着急地蘸了蘸水，又快速地蘸了蘸墨，在纸上画了一下又一下，我的笔像飞一样，在纸上来回奔驰着……

这个学生最爱画画，平常的时间都用在了画画上。在表达自己第一次参赛的经历时，他注意将过程描写出来。在语句的运用上很明显他采用的是课文《无声的竞赛》中对徐悲鸿绘画时的描写。

通过对学生日记的调查与分析，我们可以看到这些文章中共有20处好词、好句。10处来自作文书或其他书籍里，占50%；8处是观察并联想到的，占40%；两处其他，占10%。因此，学生们经常在写作中感到无话可写，主要原因是他们的阅读量少，词汇蓄积量贫乏。

由此，我们不难看出学生的写作源泉来自于课内外的阅读。他们从众多的书籍中不仅吸取了美词佳句，也从中学到了不少的知识。可以说，学生没有大量的阅读就不会写出优秀的文章。

通过上面列举的学生习作我们可以看出，学生的写作来源于学生的阅读，大量的阅读可以提高写作能力。在学习写作的过程中，学生由于有了大量的阅读，有了丰富的积淀，从而由简单地机械模仿所阅读的文章，到主动地运用所阅读的文章中的个别词句，再发展到创造性地运用所阅读的文章的精华，并把它们变成自己的东西，最终做到随心所欲、落笔生花。

第三节
要重视对学生阅读方法的指导

教师要重视对学生阅读方法的指导。下面介绍几种常用的阅读方法。

一、朗读法

朗读是眼、口、耳、脑并用的阅读活动，有助于积累语言、提高表达能力。教师在教学中，要采取各种形式指导学生朗读，培养学生的朗读能力。通过朗读，帮助学生理解课文内容，体会思想感情，陶冶情操，提高认识能力。

二、推测法

这种方法就是读书时站在作者的立场去思考。读课文时，思索开头为什么这样写，推测后边可能怎么写。如果后面的安排正如自己所料，说明自己理解了作者的写作思路；否则，就要好好想一想，作者为什么这样处理，而自己却没想到，作者的安排好在什么地方。这样读书，对引导学生克服拿起笔来没话写、想不深、展不开等问题，是有帮助的。

三、背诵法

背诵能积累大量的词汇和句式。学习写作方法，有助于提高学生的理解和表达能力。背诵是在理解的基础上进行的，又有助于学生加深理解课文内容。教师要介绍一些背得快、记得牢的方法。学生理解了，而且记住了，写作时就会自然而然地吸收其中的表达方法、技巧乃至词句，把自己的文章写通、写好。

四、评点法

评点法就是边阅读边随时记录下自己的体会和感受。它的主要特点是通过边读边评，把读、想、记紧密地结合在一起。这样才能把书读活，才能深刻领会文章的内涵。这种方法形式活泼，学生阅读时可以广泛地使用。

五、默写法

默写，就是选定自己喜爱的一篇或一段优美的文章，认真读上几遍，大致记住了，就开始默写。默写时，不记得原话的，用自己的话写，写完之后，与原文对照，看看哪些地方不如原文，并且分析原因，然后再读、再想，有意识地把注意力集中在上次默写时不如原文的地方。这样阅读，可以通过比较，加深理解，增强记忆，促进写作能力的提高。

六、读写结合

阅读和写作相结合，才是提高作文水平的重要途径。读写结合的一个主要特征是以读带写。学生从阅读中发现好的范例后，立即练笔，如此一来，学生写文章就不会感到困难，知识也就转化为了技能。根据写作训练的需要，教师有时还应选择一些更适合借鉴和学习的补充材料，让学生自己去参考。这样为写而读，内容适宜，对学生写作能力的提高更有直接的帮助。在写过同类文章之后，让学生带着自己的体验来阅读有针对性的教材，这样会让学生印象深刻，受到启发，从而提高阅读欣赏水平。

七、开展阅读活动

《语文课程标准》指出："重视学生读书、写作、口语交际、搜集处理信息等语文实践，提倡多读多写，改变机械、粗糙、烦琐的作业方式，让学生在语文实践中学习语文，学会学习。善于通过专题学习等方式，沟通课堂内外，沟通听、说、读、写，增加学生语文实践的机会。充分利用学校、家庭和社区等教育资源，开展综合性学习活动，拓宽学生的学习空间。"教师要以《语文课程标准》为指导，积极创造条件，开展各种丰富多彩的活动。

（1）兴趣小组。为满足学生学习语文的兴趣，培养其特长，可以组建兴趣小组，如读书小组、写作小组、朗读小组、讲故事小组等。

（2）故事会、朗诵会、演讲会。故事会对提高学生课外阅读的兴趣，加深学生对课外读物的理解，培养学生说话能力很有帮助；朗诵会对帮助学生学习普通话，锻炼和提高朗读能力大有好处；演讲会是训练学生思维能力和听、说能力的好形式。

（3）语文游艺活动。语文游艺活动对于小学生思维和语言的发展很有意义，如拼字游戏、猜字谜、成语接龙、给歇后语找尾巴等。

（4）语文竞赛。学校、班级有计划地开展语文竞赛，这对激发学生学习的兴趣，开发学生智力有一定的促进作用，如普通话比赛、查字典比赛、消灭错别字比赛、看图说话比赛等。

（5）读书分享会。学生分享阅读后的收获、体会等。

除上述几种活动之外，还可以进行系列主题班队活动，如随季节变换安排学生走进大自然的活动、传统节日活动、社会实践活动等。语文教学中，丰富语言积累的方法远不限于上述几个方面，我们还需要在教学中深入地探索、研究、总结。

如何指导学生进行课外阅读

叶圣陶先生一贯主张培养学生的自学能力，他把这一教育思想概括为"教是为了不需要教"，揭示了传授知识与培养能力的辩证关系。要在小学语文教学中体现在教师的指导下以学生自学为主的精神，让学生通过自学获得知识，提高能力，养成良好的学习习惯，最重要的一点就是让学生进行充分的课外阅读。

为学之道在厚积而薄发。语文学习的"积"就是对祖国语言文字的积累和吸收，其途径是听和读，其中主要是依赖于读；语文学习的"发"就是语言文字的倾吐和表达，其形式是说和写，出口能成章，下笔能成文，这是"发"的理想境界。先有"积"而后有"发"，只有"厚积"才能"薄发"。要积累就不能让学生两耳仅听教师说，一心只读语文书，而要引导学生在此基础上，走出课堂，走向生活，博览群书，吸收名家名篇的语言精华。开展课外阅读，不仅有利于学生开阔视野、陶冶情操，而且也是学生积累语言、丰富知识的有效方法。

同时，《语文课程标准》明确规定了背诵的篇数。在小学阶段要求背诵的优秀诗文为 75 篇。《语文课程标准》还在后面附上推荐的 75 首古诗词篇目，而且要求都会背。《语文课程标准》规定了学生九年课外阅读总量达到 400 万字以上，阅读材料包括适合学生阅读的各类图书和报刊。规定阅读总量，意在保证学生在课内外的阅读量。形势要求我们必须加强对小学生课外阅读的指导。

国内外有许多成名的大作家，当人们问他们怎样才能成为"成名作家"时，他们无不同声答道：那是得益于孩提时期多看了几本书。曾经有人问鲁迅先生："写好一篇文章您有什么经验？"鲁迅先生听后马上回答他："哪有什么经验，无非是多看了几本书罢了。"名家朴素而富有哲理的话，给了我们一个启示：仅靠课本中数量有限的文章，怎能满足孩子的好奇心？怎能培养出视野开阔、富有想象力、创造力的跨世纪人才？作为教师，我们应该怎样做？方法只有一个，那就是指导学生进行广泛的课外阅读，让他们在浩瀚的书海中遨游。

我们发现指导课外阅读，一是围绕兴趣，二是围绕方法。根据小学各阶段学生的不同特点，阅读指导方法有所不同。下面针对低、中、高年级的课外阅读指导分别进行论述。

一、对低年级课外阅读的指导

（一）激发学生课外阅读的兴趣

浓厚的课外阅读兴趣，不仅能开阔视野、增知启智，还能够提高阅读能力和写作水平。对于低年级学生来说，激发课外阅读的兴趣，有利于培养他们良好的阅读习惯，全面发展听、说、读、写能力。

1. 选好读物

（1）根据学生的年龄特点来选。介绍好书给学生看，可以激发学生阅读的兴趣和愿望，提高学生的阅读能力和认识水平。如一年级学生的读物宜图文并茂，并从句子过渡到短文。低年级学生由于认识的字不多，主要阅读以图片为主的书籍。学完拼音后，可选一些配有拼音的图书，要求学生边看图边读拼音和汉字。这样做，学生既巩固了拼音，又学会了一些汉字，还增加了许多有趣的知识，一举数得。

（2）根据课文内容来选。学生每学完一篇课文，教师就要向学生介绍与这篇课文有相关内容的课外书，让学生去阅读，并指导学生阅读。比如学了《小壁虎借尾巴》一文，便要求学生了解一些小壁虎其他方面的知识，让学生主动到《十万个为什么》《动物世界》等书上去寻找相关的资料。学了《数星星的孩子》一文，就让学生读与天文知识相关的书籍……经过一段时间的引导，学生的课外阅读不但逐渐形成习惯，而且走上了正轨。

（3）根据学生喜欢看的电视节目来选。小学生都喜欢看电视，他们看的电视中也不乏好的素材。例如，看了电视剧《西游记》，很多学生找来了《西游记》的连环画来看，看了动画片《蓝猫淘气3000问》，就有一些学生找来《蓝猫千千万》这本书来看。

2. 开展活动，建立阅读激励机制，增强学生的阅读兴趣

阅读激励机制的建立，既能有效地检查学生的阅读情况，巩固阅读成果，又能激发学生的阅读积极性，推动课外阅读步步深入，同时也能提高学生的语文素养。

（1）展示交流。学生读的书多了，知识面也增加了，这时就可以开展一些读书交流活动，如"故事会"、"诗歌朗诵会"、"谈天说地"、"编手抄报"、"快速作文"等，把课外阅读推上一个新台阶。

（2）专题创作。当学生的课外阅读量积累到一定程度时，就可以引导他们进行专题创作，如"童话专集"、"诗歌专辑"、"幻想小说"等。学生通过一系列的探究活动，培养了搜集信息、处理信息、灵活运用知识的能力。

（3）编印班级作文集。班上有学生作文写得好，就把他的作文收集在作文集《小芽儿》中。作文有进步也可选登。这样既延续了学生的阅读兴趣，又提高了学生的写作水平。

（4）课前三分钟，轮流朗读。利用课前三分钟，让学生轮流上台念一段自己摘抄的优美语段。这不仅能增加学生对词汇的积累，而且能促进学生在课外自觉认真地阅读。

（5）开展"向你介绍一本好书"的读书活动。学生自己筛选，把他认为好的图书向全班同学介绍。在这项活动中，学生行动起来，积极阅读并认真比较。这样既达到了训练阅读的目的，又培养了学生的概括表达能力。

（6）组建课外阅读小组，开展小组间的阅读比赛。在课外阅读的指导中，我们还尝试让学生自己选择阅读伙伴并组建课外阅读小组。每天的课外阅读课，学生便在组长的带领下开展阅读和交流，并定时展开评比。比如，每读完一本书便加一颗星，每背完十首古

诗也加一颗星等。这种以小组为单位开展的比赛，不仅引发了学生间的良性竞争，还利于学生互相鼓励，维持对课外阅读的长久兴趣，使"读好书、好读书"在校内蔚然成风。

（二）教授阅读的方法

教师在课堂教学中，应围绕课文内容，实行精讲多读，教会学生独立阅读的方法，提高学生独立阅读的自觉性。教师应该坚持"一篇带多篇，课内得法，课外受益，课内打基础，课外求发展"原则，把课外阅读内容作为课内知识的扩充。学生在课堂上学会了独立阅读的方法，在课外阅读中，丰富了语文材料，扩大了知识面。根据低年级学生的年龄特点以及知识水平，我们应着重教会以下几种方法。

1. 按顺序看懂文章

每读一本书、一篇文章，都要弄明白文章从头到尾写了什么事情，先说了什么，再说了什么，最后说了什么。

2. 分步阅读，边读边想边记

遇到一篇文章先通读全文，掌握主要内容，然后分步阅读，边看边想原文说的是什么事情，从中懂得了什么道理。

3. 图文并重

在课堂教学中，从题目入手，让学生审清题目，根据题目说出在学习本课前想知道什么。低年级课外读物大都图文结合，教师要教学生怎么看图画、讲图意。指导他们看封面和书名，讲讲书中可能写些什么事，引导学生从看图到读文。图画能帮助学生理解文字意思，因此，要求学生当众讲出图画的主要内容。这样把听、说、写紧密结合起来，融为一体。

二、对中年级课外阅读的指导

中年级学生在小学阶段属于过渡阶段，有了低年级的阅读基础，在此阶段如何有效地促进小学生课外阅读量的增加与质的提高呢？我们总结出以下几种方法。

（一）联系式

教材中的文章往往是编者从众多的优秀文章中筛选而来的，是文质兼美的文章，而且每一篇文章所涉及的知识面又相当广泛。在教学中仅仅以课文为本，是远远满足不了学生求知欲望的。因而在指导学生阅读教材的同时，可以大量地收集类似的材料供学生阅读：可以让学生在比较中学习课文，也可以让学生先学课文再阅读类似的文章等。采用读一篇带多篇的方法，把类似的文章捆绑在一起，借助比较，让学生获得更多的感悟。例如，在教学《草船借箭》一课时，先给学生提供《空城计》《七擒孟获》等文章进行阅读，学生在阅读相关故事的时候，就会下意识地进行联系、比较，而且对故事情节、人物有了更深刻的理解。由于类似的文章有许多相通之处，这样就大大地提高了阅读的效率。

（二）查找式

有些课文，特别是知识性较强的文章，往往牵涉到许多相关问题，而这也是学生最想了解的。小学生的年龄特点告诉我们：他们具有强烈的探索欲和好奇心。因此，可以抓住这一特点，让学生在查找资料中获得知识。如教学《太阳》一课时，学生除了对太阳的温度、大小等感兴趣外，对太阳为什么能发光、发热以及古代的树为什么能变成煤、太阳在宇宙中的地位、怎样测量太阳到地球的距离等知识也感兴趣。所以，教师应鼓励学生通过查阅书籍、找专家咨询或者网上查询等方式收集资料。他们在查找、收集、阅读、辨别、思考、交际的过程中，已经在不经意间获得了许多知识。这不仅锻炼了学生收集资料的能力，也激发了其阅读的兴趣。

（三）汇集式

鼓励学生大量阅读课外读物，并把自己在阅读中感受深刻的、有特点的或者知识性强的内容摘录下来，汇集在一起，供其他同学阅读、查阅。当学生收集的材料得到了他人的认可，能给他人带来帮助时，学生会有一种成就感，会促使他更加努力地去汇集资料、整理资料。如教授《赵州桥》后，向学生推荐类似的文章《南京长江大桥》，使其感受南京长江大桥的雄伟壮丽。教师鼓励对桥感兴趣的学生去收集古代的、现代的、本地的、外国的有名的桥的图片、资料等。在这次活动中，学生收集到了 50 多种桥的图片、文字资料，然后汇编成册，供其他同学阅读。再以此为契机，让学生说一说自己知道的名胜古迹，并建议大家收集亲朋好友和自己游览过的名胜古迹的门票、旅游图和照片等。还可以指导学生上网查阅相关的资料，并在班级中进行展览、评比，评一评谁收集得多、收集得好。在收集资料的过程中，学生既锻炼了自己，拓宽了知识面，又激发了学习语文的兴趣。

（四）荐读式

有些课文是根据原作改编或节选的，在读懂课文的基础上，我们不妨让学生阅读原作。学生已具备了读懂课文的基础，再读原作时就不会有太大的困难，反而会有更浓厚的兴趣。如教授《孙悟空三打白骨精》一文后，把原作提供给学生阅读。学生在读原作的同时，与课文进行了比较，并认为原作中对人物的刻画比课文中更深刻、更入神，故事情节更复杂、更多变。可见学生对这类著作是很感兴趣的。

在小学阶段，中国古典四大名著中有三大名著中的部分情节经改编后选入课本，如果我们能有意识地引导，向学生推荐一些适合他们阅读的精彩片段，那么，在小学毕业前学生应该能把三大名著阅读完。

（五）生活式

语文学习的外延等于生活的外延。生活是学习的大课堂，让学生到生活中学语文，让语文学习贴近丰富的生活，无疑是为学生的学习插上了一对宽阔的翅膀。开展丰富多彩的语文实践活动，拓宽语文学习的内容、形式与渠道，使学生在广阔的空间里学语文、用语文，丰富知识，提高能力。

学生在丰富多彩的生活中收集信息，将受益匪浅。走在马路上，会看到一些有关交通安全的警示句，可以让学生把这些句子记录在小册子上，如有的学生抄录了"宁可绕百步，不走一步险"、"一年之计在于春，春运安全最要紧！"等句子。当学生漫步在街头巷尾时，可以引导学生记录一些商厦、店家的广告语，如有的学生收集到了"菊景甲天下，茶香溢四方"、"家友，千家万户的朋友"等。当然，还可以让学生多留意城市、街道建设的宣传语，如桐乡已举办了两届"中国桐乡菊花节"，可以引导学生去收集"桐乡田野菊海，中国秋色一绝"、"冬季到台北去看雨，秋季到桐乡来赏菊"等宣传标语。还可以让学生收集过年贴在墙上的对联，日历本上的小知识、小常识，看到、听到的各类广告语等。

生活中处处有语文，只要教师经常引导学生多观察、多收集，那么，学生的语文能力将逐步得到提高。

（六）创造式

社会的发展、民族的兴旺要求我们每位教师从大处着手，用发展的、全局性的眼光来培养新一代的接班人。培养具有个性的、有特长的创造性人才是广大教师努力追求的方向。在语文教学中，教师要根据学生的兴趣爱好，创设有利的条件，让学生收集所想要的、所喜欢的资料。如一位教师了解到有一个学生特别喜欢音乐，特别爱唱校园歌曲，就向她推荐了音乐方面的书籍，还让这个学生向音乐老师、同学借录音带、录像带及唱片，让她多听多唱，把好歌带给同学，还鼓励她自己写歌词、唱歌词。在音乐的王国里，她学到了课文中学不到的知识，在小小的创作中提高了写的能力，在听听唱唱中培养了感悟能力，当然语文能力也相应得到了提高。

生活中，有的学生爱好书法，有的学生爱好美术，有的学生喜欢小制作、小发明……语文教师要善于发现学生的特长，尽可能地创设条件、提供机会，让学生收集、保存、应用有关学习资料，让充满灵性的学生在收集中学习语文知识，表现自我、超越自我，最终达到提高语文素养的目的。

课外阅读给学生带来的益处是显而易见的，也是学生主体发展所必需的。让所有的学生都感受到"读书之乐乐无穷"吧！

三、对高年级课外阅读的指导

对高年级的学生在加强阅读指导的前提下，如何使其从无意识、随意地阅读过渡到有意识地阅读，从自发地阅读递进到自觉地阅读是我们研究的重点。

高年级教师指导学生课外阅读，应从以下三个方面入手。

（一）课外阅读材料的选择

合理选择阅读材料是学生进行有效课外阅读的关键。因此，教师要为学生推荐好的图书，引导学生正确选择适合自己的图书。

第一，在选择和推荐书目时，要注重思想性和哲理性。书是对学生进行思想教育的良好载体，凡有利于学生形成良好品德、行为及有利于学生树立正确人生观、价值观的书，教师都应该积极推荐。如在进行课前三分钟的口语训练时，刚开始学生只选择一些小笑话或知识性的内容，教师就有意识地给学生们讲一些富有哲理的故事，并引导他们都去找类似的故事。随着学生年龄的增长，他们会主动阅读一些富有哲理的书，如"革命先辈的故事"、"名人传记故事"等主题的书。书真正成了学生们的良师益友。

第二，书目的选择和推荐，应是课堂阅读教学的延伸。根据课堂教学中出现的教材内容，向学生推荐主题相仿、相反或有关的内容，以激起学生阅读的兴趣。例如：教学《一个降落伞包》时，可向学生推荐《周恩来的故事》；教学《晏子使楚》时，可向学生推荐《东周列国的故事》。这样既能激发学生阅读的兴趣，又可以加强课内外联系，以课外阅读促进课内教学。

第三，书目的选择与推荐应考虑学生的发展和认知规律。不同年龄段的学生对图书有不同的兴趣，根据他们的认知规律和心理特征推荐图书，学生才会有阅读的兴趣。低年级的学生喜欢看带有拼音、图文并茂的儿歌、童话、寓言故事等，中年级的学生喜欢阅读童话、大自然的奥秘等图书，高年级的学生则喜欢阅读历史故事、小说、名人传记等图书。

（二）课外阅读方法的指导

教师指导学生学会正确选择适合自己的课外读物，是学生课外阅读的第一步。教师还要通过课外阅读指导，将正确的阅读方法传递给学生。这里要注意以下几个问题。

第一，课堂内容与课外阅读指导相结合。课外阅读时，教师要指导学生运用课堂上学到的阅读方法进行阅读。来自于课堂的阅读知识及技能是开展课外阅读的基础，而大量的课外阅读又为深化拓展课堂的知识与技能提供了可能。要将两者有机结合，使其互补互动，形成良性循环。

第二，正确把握读书的时间。课外阅读是好事，但不能为读书而影响正常的学习。教师要指导学生学会利用时间，尤其是对自控力差的小学生，教师要指导他们学会利用零碎的时间进行阅读，如午饭后、入睡前。读书时间可长可短，贵在积累。

良好的阅读习惯是学生进行课外阅读的有效保证，也是提高学生阅读质量的重要保障。在课外阅读时，教师要指导学生形成以下阅读习惯。

第一，要养成应用工具书阅读的习惯。要求学生借助字典、词典扫除在阅读时遇到的字、词、句方面的障碍。读书时遇到生字、生词，尽量通过查字典、词典的方法解决。这样做不仅能提高学生解决问题的能力，也加深了学生对阅读内容的理解。

第二，要养成阅读时动笔的习惯。学生的课外阅读大部分是默读，如果读书时画一画、写一写，可以更好地活跃思维，提高读书的质量。根据学生年龄特点可以提出不同的训练层次，如：低年级学生可在读书时，画画点点；中年级学生在读书时，可以摘抄；高年级学生在读书时，可以写读书笔记和读后感。

第三，要养成边读边想的习惯。一些文学作品不去想象，是无法领会其意境的，在阅读中强化学生的想象不仅能让学生更好地体会文章的意味，还有助于培养学生的创新能力。如要求学生读书读到一半时合上书，想一想"下面会发生什么？"，读完后再想想"我联想到了什么？"，还可以用画画、表演等形式促使学生思维发散，培养学生边读边想的习惯。

（三）加强阅读交流，深化阅读实践

阅读交流是学生对阅读情况的反馈。阅读实践就是将学生的阅读活动通过一系列"讲"、"写"、"演"等活动展现出来。它们是有效阅读的保证，是深化阅读活动、提高阅读质量的重要途径。良好的阅读交流实践能让学生体会到阅读的情趣，体验到阅读带来的喜悦，提高学生阅读的兴趣，从而使他们以更高的热情投入新一轮的阅读中去。

阅读交流可以采取以下形式。

说——学生将阅读到的内容讲给同学听。如利用课前三分钟讲演，由学生介绍、点评自己读书的内容或自己的阅读感受，这样既精彩生动，又点到为止，使听到的同学欲罢不能，大大地激起了学生的阅读兴趣。

议——针对阅读的内容开展讨论。对大多数学生都阅读到的内容可以开展专题讨论，让大家发表看法。这样既交流了阅读的感受，又交流了个人的阅读方法，使学生加深了对所阅读内容的理解。

讲——举办讲演和讲故事活动。这既训练口才，又积累知识，还是一种自我的思想教育，活跃了读书气氛。

抄——摘抄。让学生在课外阅读时把阅读中遇到的名言佳句，自己认为描写精彩的段落，有深意的诗歌、寓言等摘抄下来，在课堂上抽出时间让学生有感情地朗读自己的摘抄，丰富学生的语言积累。

写——写读书笔记和读后感。在班级墙报上，可以设置一块读书园地，将学生的读书心得、读书笔记、读后感等刊登在上面，并附上教师和同学的点评。这样既能锻炼学生的写作能力，又能激励引导学生更好地读书。

画——将阅读到的内容用图画表示出来。如学古诗画想象画，

听故事画连环画等。

演——将阅读到的内容表演出来。阅读后用编排小品课本剧的方法将书的内容和自己的理解介绍给大家，尤其是一些童话、寓言、成语故事，用这种形式更能激发学生的阅读兴趣，加深学生对内容的理解。

（四）加强指导，使学生记好读书笔记

有很多学生酷爱读书，但只停留在"读过"什么书上，时间一长，内容就不记得了，所以收效不大。如何改变这种状况，使学生读过好书之后，真正增长知识、提高觉悟呢？ 那就是读过书以后，写读书笔记。俗话说"不动笔墨不读书"，写读书笔记就是动笔的最好方法。写读书笔记不仅可以帮助我们记忆书的主要内容，丰富语言，积累词汇，提高阅读和写作能力，还可以提高思想认识水平。写读书笔记通常采用以下三种方法。

1. 摘要法（或列提纲）

读一本好书或一篇文章的时候，要边读边想边记。读后，要把主要内容简明扼要地概括出来，写在笔记本上，这就是最简单的读书笔记。如果文章很长，内容比较丰富，可以把每一部分内容简要地概括出来，列成一个提纲。这样，不但记住了主要内容，还能理清文章思路。

2. 摘抄法

看书的时候，我们往往把一些优美的词语或对仗整齐、含义深刻的句子、精辟的片段，以及与生活、学习有密切关系的内容摘抄在笔记本上，这样便于以后随时翻看、阅读。

3. 写读后感

看过一本书或是一篇文章后，把自己的收获、感受写下来，这就是读后感。写读后感可以对文章理解得更深刻、更透彻，受到更大的教育。写读后感的一般方法是：先写最近读了一本什么书或看了一篇什么文章，接着介绍这篇文章的主要内容是什么，然后写出使自己最受教育或使自己最为感动的情节，最后写读了这本书或这

篇文章后，自己的感受与体会。

总之，指导学生课外阅读的方法有很多种，但目的只有一个，即扩宽学生的知识面，全面提高学生的语文素质。广大教师只要遵循客观规律，切实做到以教师为主导，以学生为本，从学生的需要出发，因势利导，让学生进行充分的课内外阅读，那么学生的语文素质一定会得到提高。

第五章 如何抓好阅读习作

训练是教材的重要组成部分，体现的是本课的重点和难点。它既与所学的课文有适当的联系，也有其相对的独立性。通过各种形式的训练，巩固并综合利用学过的语文知识技能，使学生初步懂得运用语言文字的一般规律，为形成读写能力打下扎实的基础。

我们的教学以阅读为基本环节，以阅读基本功训练为主线，统领听、说和写的训练，构成了听、说、读、写基本功训练体系。这个体系主线鲜明、突出，主线中又突出重点，形成训练阶梯，体现训练过程的科学性。

语文课的基本训练强调一个"实"字和一个"活"字。语言是一种工具，但对这种工具的特殊性的认识，还需要进一步加深。语言是思维的工具、交际的工具，或者说是负载和传递信息的工具。语言的运用，离不开人的参与以及人的思想感情、阅历和素养的参与。这种复杂性决定了语言的基本训练不单单是一种技术训练，还需要联系人们的思想和生活。

训练作为教学工作的有机组成部分，随着课程改革的不断深入，其功能与价值越来越引起人们的关注和思考。训练，难道仅仅为了了解与评价学生的学，反馈与调整教师的教吗？难道仅仅为了让学生完成知识与能力的转化与迁移？我们认为，从张扬学生个性的角度来看，训练还有其特殊的意义和价值。因此，我们必须把好编制训练这一关。

一、基本训练的目的和意义

语文课上的基本训练一般安排了这样一些内容：一是朗读、背诵、复述等常规练习，意在让学生认认真真地读书，培养语感，增加语言积累；二是读写常用词语，意在巩固复习所学的生字新词，增加词语积累；三是理解内容，包括联系语境、生活实际与展开想象理解词语、句子，体会作者表达的思想感情，领会表达方法等，意在提高学生的阅读能力；四是收集与处理资料的练习，意在扩大阅读，加强语文实践活动，培养收集、处理信息的能力；五是根据课文特点安排练笔，让学生从句式、段式的写法等方面进行练习。以上练习均因课设练，既暗含单元教学重点，又不拘泥于教学重点，以拓展语文学习的内容，促进课内外学习相结合，以读促写为目的。

（一）训练形式多样

苏霍姆林斯基说过："每一个孩子都是一个世界，一个完全特殊的、独一无二的世界。"他们的精神需求、兴趣爱好都各不相同，教学行为怎么能对此视而不见呢？因此，训练的题型与要求，应从学生的兴趣特长出发，讲究多样化，富于变化性，让每个学生都找到自己的"生长点"。

（二）训练内容丰富

在信息社会，信息传输的通道立体化了。对学生而言，教室已不再是学生获取知识的唯一场所，教师也不再是唯一的知识拥有者，书本也不再是唯一的知识来源。学生获取知识的本领可谓"八仙过海，各显神通"。因此，学生的"内在"各有千秋，"内需"也各不相同。为了满足不同学生的不同学习需求，训练编制不能不考虑题目所含信息量的"扩容"。

（三）训练层次差异

让每一个学生获得成功，让每一个学生都得到发展，这是我们的教学目标。尽管学生千差万别，能力各不相同，但作为教师，应当为不同层次的学生找到发展的"板块"。虽然班级授课制、群体教学模式影响着这种教学目标的实现，但是，教师必须创造条件尽最大可能为学生服务。

二、教材中对基本训练的要求

我们在语文教学中对词语、句子、段落、思维的训练，从内容到形式都有比较明确的安排，现将1～6年级人教版教材对训练的形式安排及要求归纳如下。

表5-1　人教版教材对训练的形式安排及要求

年　级	词　语	句　子	段	思　维
一年级	1. 掌握生字结构，规范书写。 2. 基本笔画的练习。 3. 字的结构练习。 (1)用独体字组成新字。 (2)加笔画变成新字、减笔画变成新字、换笔画变成新字。 (3)加偏旁变成新字。 4. 形近字的辨析。 5. 量词的积累和运用。	1. 看图说、写句子。 2. 拼读音节写句子。 3. 用指定的词语造句。 4. 照样子写句子。 5. 准确判断完整句。		1. 看图猜字、写字。 2. 观察、想象力训练。

年 级	词 语	句 子	段	思 维
二年级	1. 掌握字的间架结构。规范书写汉字。 2. 区分形近字。 3. 认识象形、会意字。 4. 多音字正音、组词。 5. 量词的运用。 6. 理解生字意思，扩词。 7. 在括号里填上合适的词语。 8. 能积累辨析汉字的部首。 9. 说说古诗中带点词的意思。	1. 照样子写句子。 2. 读词语，理解意思，写句子。 3. 排列句子。 4. 运用关联词语写句子。 5. 总分、分总关系的句子练习。	1. 应用文：写贺年卡，学写留言条。 2. 观察实物写话。 3. 创设情境写人物的简单对话。 4. 按事情的先后顺序写话。	1. 想象能力训练。 2. 看图写话。 3. 看图讨论故事结尾，续编故事。 4. 创设情境，进行想象，再完成写作训练。
三年级	1. 区分形近字。 2. 改正错字。 3. 多音字组词。 4. 一字组多个词语。 5. 反义词判断、选择。 6. 词语搭配。 7. 根据语境，选词填空。 8. 照样子积累特殊结构词语。 9. 结合语境理解带点词语的意思。	1. 把句子写具体。 2. 修改病句。 3. 比较每组句中的两句话意思有什么不同。 4. "把"字句。 5. "被"字句。 6. 照样子写句子(转折关系)。 7. 联系上下文理解带点词语及句子的意思。	1. 重新排列顺序错乱的句子(按事情发展顺序)。 2. 回忆经历的事情，说说当时的情景，再写下来。 3. 以一句话为重点句，写一段内容比较具体的话。	1. 仿照例子想一想，用下面的词语，你能联想到哪些词语，组织语言后写下来。例如：公园—(树木)—(草)—(美丽)…… 2. 联系实际生活，展开想象，表达一个完整的意思。 3. 读一读句子，展开丰富的想象，联系上下文理解语句，概括段意，然后回答问题。

年 级	词 语	句 子	段	思 维
四年级	1. 正音。 2. 查字典。 3. 形近字填空。 4. 照样子写词语。 5. 在括号里填上适当的词。 6. 反义词、近义词，关联词语练习。	1. 用修改符号改病句。 2. 照样子写句子。 3. 句式转换（反问句和陈述句的转换）。	1. 排列语序。 2. 修改符号，改段。 3. 插句入段。 4. 联系上文内容写文章结尾。 5. 过渡句。	1. 词语想象接龙。例如：长征—(草地)—(小红军)—(牛骨头)…… 2. 根据要求审题，组织语言，完成习作。
五年级	1. 在括号里填上恰当的词语。 2. 组词。 3. 按要求写词语。 (1)表示看的词语。 (2)表示时间短的词语。 (3)照样子写词语。 (4)填上意思相反的词语。 (5)写几个描写颜色的词语。	1. 学习、理解、体会千古流传的名句。 2. 收集名言警句。 3. 积累句子。 4. 歇后语。 5. 比喻句练习。 6. 体会每组句子表达上有什么不同。	1. 仿照课文的写法写一段话，把变化的过程写清楚、写具体。 2. 假如你是导游，你怎样向游客介绍？把介绍的内容写下来。 3. 几段话排序。 4. 写人物对话要写出人物对话时的神态、动作等。 5. 从带点的词语中任选几个写一段话。 6. 把意思写具体。 7. 仿写。	1. 边读书边想象、体会。 2. 边读边想象古诗描绘的景色。 3. 根据古诗的意思，展开想象，编一篇童话。 4. 为画题诗或题词。

年　级	词　语	句　子	段	思　维
六年级	1. 查字典理解带点的字，再想想词语的意思。 2. 在括号里添上适当的词语。 3. 多音字组词。 4. 按要求写词语。 5. 成语。 6. 理解词语在表达意思上的不同。 7. 词语搭配。	1. 联系上下文理解句子的含义。 2. 把句子补充完整。 3. 用学过的修改符号修改病句。 4. 照样子加上适当的词语，组成句子。 5. 比喻句练习。 6. 积累诗句。	1. 给对话加上适当的标点。 2. 仔细观察，抓住特点，按一定的顺序写下来。 3. 仿照课文的写法，写出一个人外貌的特点。 4. 练习复述。	1. 想象句、段所描绘的景象。 2. 准确评价人物。 3. 联想能力的训练。

通过归纳与分析，我们发现语文教材中课后的基本训练内容比较丰富，形式多种多样，激发了学生学语言、用语言的兴趣，并从中得出以下几点结论，对语文课后练习的改革有很大的启发。

（1）课后练习训练的量小。这些训练还不能使学生达到熟练运用语言的程度。

（2）对句子的训练重视不够。可以加大对句子训练的力度。因为句子在词语到段落的衔接中起到了承上启下的作用，所以应特别注意句子的运用训练，写好句子对于学生写好作文起到至关重要的作用。

（3）缺少片段的训练。在语文教学中，片段的训练是十分重要的，它在从句子到篇章的衔接中起着十分重要的作用。精彩的文章往往有精彩的片段。对这种精彩片段的积累、理解和运用可以帮助学生提高写作水平。

（4）思维的训练内容和形式较为单一，特别是对观察、想象及联想的训练关注较少。思维训练可以通过对好词佳句的内化、迁移得以实现。思维训练贯穿在阅读习作的基本训练中，为此要注意研究训练的形式、内容和方法。

在阅读习作的基本训练中贯穿思维训练

发展思维是教育永恒的主题，一定要在语文教学的各个环节中培养学生的思维能力，指导学生掌握各种基本的思维方法。教学中的基本训练是作为知识的一种载体而出现的。知识的性质、结构和特点决定着它的类型，而它的类型又反作用于思维，对思维训练起着不同的作用。认识了这一点，我们在语文教学中就不是单纯地为了练习而练习了，而是重视思维的训练，以思维训练为核心，去带动其他训练。

一、字、词训练

课文可以说是从众多文章中选出的精品，是文之典范。我们都知道文章不是无情物。语言文字不仅是反映客观事物、承载文化的工具，也是人们表情达意的工具，是人们用来思维和交流思想的工具。所以，在阅读教学中要让学生体会作者是怎样遣词造句的，也只有这样才能使学生在习作时准确使用语言。

文章由句子构成，字、词是句子的组成部分。因此，习作的训练离不开字、词的练习。然而，这种字、词的练习又不能是孤立的，它要与句子或篇章的练习结合起来，也就是将字、词放在具体的环境中，如此才能将字、词学透、学活。刚入学的学生，一方面积累的字、词不多，另一方面他们的生活经验贫乏，字、词掌握不牢。这就使得学生在写作时常常出现错别字、语句不通等问题。将字、词放在句、篇里练习，能大大提高学生对字、词的掌握速度和遣词造句的能力。

词和句是构成文章的基本单位，理解文中的词、句，才能读懂文章内容。因此，必须以多种方法进行词和句的训练。然而，字、词的训练也应该是由浅入深、从易到难，有层次、有梯度的。首先从字、词在句子中的运用开始训练。

下面举例说明字、词的训练形式。

例1：猜猜他们都是谁，画幅画来告诉大家。

头戴红帽子，　　　　　　　阔嘴巴，呱呱叫，

身穿大花衣，　　　　　　　游泳跳水本领大。

每天喔喔叫，　　　　　　　不吃肉，不吃瓜，

催我早早起。　　　　　　　专吃害虫护庄稼。

这个训练是想通过画画来培养学生再造想象的能力。再造想象是人们在阅读文艺作品、阅读工程图或欣赏艺术作品时，根据语言的描绘或图形、图像在头脑中产生它们的表象。书本知识是前人科学认识的成果，学习过程是把他人认识的成果变为己有的过程，所以学习是一种再认识的过程。再造想象也是一种再认识的过程。

例2：根据字谜，给"也"字加部首，组成新字。

有马行走千里路(　　)

有水能养鱼和虾(　　)

有人不是你和我(　　)

有土可以种庄稼(　　)

例3：巩固已经学过的与"看"字有关的词语。

(1)说出有"看"的意思的词语。学生能说出望、瞧、瞅、盯、瞥、眺、瞟、窥、瞪、瞰等词语。

(2)根据下列词语做动作。学生作出仰望、窥视、眺望、注视、张望、怒视、端详、凝视等动作。

我们祖国的词汇丰富多彩，同一个意思可以用不同的词语来表达。对于这样的练习，学生的学习积极性高，不但巩固了已经学过的和"看"字有关的词语，还学了不少新的词语。这种练习丰富了学生的词汇量，提高了学生对词语的准确理解能力和运用能力，使表达更准确。

这个训练是把字、词变为头脑中的表象，再把头脑中的表象用动作表达出来的训练，也是再造想象的训练。

例4：学习《司马光》一课后的训练。

根据课文回答下面两个问题：①司马光的办法好不好？

到底好在哪儿？②你还有什么好办法？

教学时，在学习第一自然段后，请学生想一想，缸这么大，里面又装满了水，掉进水缸里的小朋友面临着什么样的危险。一方面培养学生边读边思考的习惯，另一方面培养学生的想象力，为理解下段课文奠定基础。然后请学生想一想掉进水缸里的小朋友的处境，再想一想别的小朋友的心情是怎样的，他们都是怎么做的。从"别的小朋友"可以看出是除了司马光之外的小朋友。"都慌了"和后面句子中的"有的……有的"以及"叫"、"喊"、"跑"、"找"是相对应的。掉进水缸里的小朋友面临着被淹死的危险，其他小朋友心里着急，动作忙乱，"叫喊"的目的是叫大人们听到呼救的声音来救小朋友，"跑去找大人"也是这样。再让学生想象，时间就是生命，这样做能来得及吗？小朋友们"都慌了"，说明他们知道，时间长了，那个小朋友有生命危险。这时司马光是怎么做的呢？提醒学生抓住表示司马光动作的词语，去理解句子。"举"、"使劲砸"、"几下子"说明司马光遇事不慌，认真动脑筋、想办法，聪明、果敢。缸破了，水从破洞里流出来，落水的小朋友就不会被水淹死了。提出以上两个问题，让学生理解司马光的办法最好，迅速、可行。这就是逆向思维。其他小朋友的办法是让人离开水，而司马光的办法是让水离开人。

我们在学习、工作和生活中经常会遇到一些无法解决的难题，如果换个角度想一想，就会"柳暗花明"。像空城计、四渡赤水、解决圆珠笔难题等都是逆向思维的杰作。

例5：学习《燕子妈妈笑了》一文后，进行训练。

任何直观形象都是复杂的复合刺激物，必须靠学生多种感官联合观察才能形成良好的知觉效应。认识一个事物，视觉参与约90%的观察活动，起着最主要的作用，但视觉不是唯一的感觉器官，还有听觉、味觉、嗅觉、触觉，所以观察是人脑通过人的各个感觉器官对客观事物的一种认知过程。实践证明，单纯让学生用视觉去观看图片的教学形式，不如采用电影电视教学的效果好。教师要充分调动学生的各种感官参与观察活动，让多种渠道的信息传入学生的大脑皮层，使大脑皮层的分析综合活动活跃，以培养和发展学生的观察力。

在学习《燕子妈妈笑了》一文后，教师问学生："小燕子是怎样观察冬瓜和茄子有什么不同的？"学生积极回答。有的说："小燕子第一次观察到冬瓜是大的，茄子是小的；第二次观察到冬瓜是青的，茄子是紫的；第三次观察到冬瓜的皮上有细毛，茄子的柄上有小刺。"有的说："小燕子去菜园观察了三次，它发现冬瓜是大的，青色的，皮上有细毛；茄子是小的，紫色的，柄上有小刺。"还有的说："小燕子观察事物不怕麻烦，一次比一次认真。"教师肯定了他们的回答并引导他们向小燕子学习。学生学习的热情马上被调动起来。这时，教师先让学生观察黄瓜和西红柿有什么不同，引导他们边看边摸。学生通过观察说了这样一段话："黄瓜是长的，是翠绿色的，身上长满了小刺，顶上还带着黄色的小花。西红柿是圆形的，红彤彤的，表皮光滑，还有光泽。"教师马上总结说："在观察这两种事物时，同学们不仅看到了它们的形状、颜色，还通过触摸知道了它们的细微特点。"教师又让学生观察牛奶和水有什么不同。学生观察后说道："牛奶是乳白色的，喝起来有淡淡的香味。它可以冲高乐高，帮我们补充钙质。水是透明的，没有味道，但当我们口渴的时候，喝上一口很解渴。"教师总结道："同学们在观察牛奶和水的不同时，不仅看到了它们的颜色，尝到了它们的味道，还把已有的知识补充到语言表达中，真好！"接着，教师拿出了西瓜和伊丽莎白瓜让学生进行比较。学生观察到了它们外面的特点后，教师又把瓜切开，让学生观察里面的特点，闻一闻瓜的香味，亲口尝一尝它们的味道。学生边看边说，边摸边说，边闻边说，边尝边说，多种感官同时活动。在实践中，学生提高了观察的兴趣，学会了观察的方法。最后教师让学生拿来自己喜爱的水果，看一看水果的形状和颜色，摸一摸水果的表面，闻一闻水果的香味，咬上一口，尝一尝水果的滋味。让学生的眼、手、鼻、口等多种感官参与观察活动，使学生真正体会到水果的形状、颜色和滋味都是自己所喜爱的。

这个训练是让学生抓住事物的主要特征来细致地观察事物。观察能力的培养就是形象思维的培养，而发展形象思维是进行智力开发的基础。

例6：换词训练。

《火烧云》一文中，"天空的云从西边一直烧到东边，红彤彤的，好像是天空着了火"。把"烧"字换成"红"字好不好？

学生进行分析、比较后得出结论：用"烧"字更好，因为"烧"字是动词，有形态变化的动感和美感，而且"烧"字与后面的"着了火"相照应，又点了题目。经常进行这样的训练，对于提高学生的读写能力，无疑是有效的。

例7：教学《荷花》一课，设计如下练习。

"我（　　　）看着满池的荷花。"要求学生想想，哪些词能用来表示看的时间长或看得很专心，并且体现出爱荷花的神情。经过启发，学生纷纷填上"久久地"、"默默地"、"出神地"、"目不转睛地"、"入神地"、"凝视地"、"全神贯注地"等词语。这样的训练，培养了学生的思维能力，丰富了学生的语言，增加了学生的情感体验，效果是很好的。

例8：请学生照样子写几个词语。

一座座＿＿＿＿　＿＿＿＿　＿＿＿＿圆溜溜＿＿＿＿　＿＿＿＿　＿＿＿＿

初看到这样的题型，学生还对 ABB 式的词语不太熟悉。要使学生打开思路，首先要带领学生熟悉词性。让学生们观察"一座座"和"圆溜溜"这两个词有什么特点，不难发现这两个词后面的两个字都是重复的，由此引出 ABB 式的词语。再请学生分别思考这两个词是表示什么意思的。学生理解到"一座座"是表示数量的词，而"圆溜溜"是表示事物样子的词。教师适时地提醒学生这两类词是不能混淆的，在照样子写词语时，不能把表示数量的词写到表示事物样子的词那一类里，反之也是不行的。学生对抽象的文字词语已经有了足够的了解，接下来就该引导学生照样子想词语了。如果光靠抽象的知识，学生很难想出，所以运用形象的事物来帮助学生想象。通过创设具体的语境来想词，教师引导学生观察身边的景物来思考词语。"同学们，我们教室里的桌椅是怎样码放的？"（引出词语"一行行、一排排"）此时可以提示学生按照一定的顺序观察，使之选择更好的思维方式进行思考。学生的思维一下子被调动起来，纷纷举手回答问题。这时给学生提出一个要求，仿照"一座座"说完一个词后必须在具体的语境中说一个句子。学生的回答如下：一颗颗——夜晚，一颗颗星星在天空中眨着眼睛；一群群——一群群小鱼在大海里快活地游着；一排排——我们的校园里种着一排排高大的杨树。学生们的思维过程是从抽象的文字到形象的事物，再从形象的事物联想到抽象的文字。同样，仿照"圆溜溜"写词也参照这样的教学方法。在具体形象的语境中，学生们想出的词语如下：亮晶晶——天上的星星亮晶晶的；水汪汪——她长着一双水汪汪的大眼睛。还有一系列表示颜色的词语：白茫茫、绿油油、黄澄澄、黑沉沉等。

例9：填上恰当的词语完成句子（根据《小松鼠看错了》一课）。

（1）填上词语使句子更生动：

我特别喜欢我家那只（　　）的兔子（可以换成小象、小鸡、小鸭等）。

（雪白、可爱、爱笑、聪明、爱跳、爱吃萝卜）

（2）填上恰当的词语：

一百多年前，英国出了个世界（　　）的科学家，叫达尔文。

（有名、著名、声名显赫、赫赫有名）

上述练习题，是我们受到"春风又绿江南岸"中古人对"绿"字的推敲的启示而得来的。根据低、中、高学段学生对词语掌握的不同，可以在题目要求上稍作改动，这样就可以达到不同学段的训练目的。

如第一题，就是通过题目的练习，扩大学生的词汇量，让学生更加丰富"兔子"这一意象。在对兔子的描述中，学生们不知不觉就将这些词语的意思、用法学到手了。

第二题的目的是对意思相近的词进行辨析和区分。学生还可以根据课文内容来选择最合适的词语，增加对词语的理解和敏感性。

二、句子训练

《语文课程标准》要求教师要利用语文这门学科课，丰富学生的语言积累。如果教师只是让学生在学习课文后把优美的语句摘抄或死记硬背，那是达不到积累的目的的。我们都知道积累是为了运用，如果只一味地积累而不与运用相结合，那么学生在写文章的时候仍然会愁眉苦脸。因此，教师在设计积累语言的题目时要考虑到与运用相结合，同时还要考虑到趣味性。

下面举例说明句子的训练形式。

例 1：照样子写句子。

　　蓝天上的白云像＿＿＿＿＿＿＿＿。

　　＿＿＿＿＿＿像＿＿＿＿＿＿＿。

这是一个很普通的练习，我们在随便一本练习上都可以找到这样的题型。运用好练习，可以培养学生的想象能力，提高学生的写作水平。

想象在写作中起着举足轻重的作用。可以说想象的丰富与否，决定着一篇作文的成败。在句子训练时，对学生进行想象力的培养，是非常重要的。例如，把白云比喻成棉花糖，比喻成秋天丰收的棉花。这样的比喻既贴切又形象，还与生活中观察到的事物进行了联系。

例 2：《小山村》一课设计的句子练习。

在阅读教学中，关键的句子可以启发学生积极的思维，而且可以帮助学生深刻理解文章内容及中心思想。对句子的理解可以采用换词换句的办法。教师分别把课文的原句和改换的句子出示给学生，要求学生说说有什么不同。通过比较对照，让学生加深对原词原句的理解，并体会到遣词造句的精妙。

　　比较句子，哪句好？为什么？

　　A. 树上结满苹果和梨。

　　B. 树上结满红红的苹果，黄黄的梨。

C. 树上结着红红的苹果，黄黄的梨。

低年级学生通过品读能比较清晰地感受到，例句 B 描写的果实数量多、颜色美。

例3：用"有……，有……，有……，还有……"来写句子。

面对抽象的文字、陌生的句式，有的学生毫无思路，思维仿佛被禁锢住了一样。怎么办？低年级学生的观察和联想都应该以身边所熟悉的事物为起点，所以教师要引导学生观察身边的事物，比如"你面前的课桌上是什么？它的里面还有什么？"经过教师的提示，很多学生眼前一亮，不禁说道："有文具！我的文具真多，有铅笔，有橡皮，有尺子，还有铅笔盒。"还有的学生说道："我铅笔的颜色真多，有红的，有绿的，有黄的，还有蓝的。"经过同学们的提示，又有学生说道："我的橡皮形状真多，有小鱼形的，有小熊形的，有小猫形的，还有小猪形的。"这时再给学生一些时间观察身边的事物，有的学生说道："我的书真多，有数学书，有语文书，有英语书，还有自然书。"此时，学生的思路被打开了，但这些想法还有很大的局限性，都没有跳出文具这一类。此时，教师再适时地加以点拨，帮助学生扩展思路，训练学生思维的条理性："同学们，可以再把你们的目光放得远一些，从上往下看吧。宇宙中的景物、天空中的景物、陆地上的景物、大海里的景物……"听到教师的提示，很多学生的思维一下子活跃了起来，纷纷举手说句子。有的说："宇宙里的星星真多，有金星，有木星，有水星，还有火星。"有的说："天空里的鸟真多，有麻雀，有喜鹊，有黄鹂，还有老鹰。"有的说："动物园里的动物真多，有熊猫，有老虎，有大象，还有狐狸。"还有的说："妈妈买的水果真多，有苹果，有梨，有橘子，还有香蕉。"学生说的句子还有很多，包含的内容也相当丰富，并且说的内容覆盖面也广泛了，达到了预期的效果。在此练习过程中，教师从抽象文字引导学生联想到具体形象的周边事物，再联想到抽象的事物。此练习训练了学生的逻辑性、条理性，使学生的思维得到了拓展。

例4：《锡林郭勒大草原》一课的句子训练。

课后练习第三题是这样的：按要求从课文中摘录词语，再从课外读物中分别摘录两三个描写草、湖水、花、动物、人的词语。我们在进行此项训练时，稍微做了一些改动。首先，提前布置任务：收集描写草、湖水、花、动物、人的词语或句子，并多读几遍。其次，在课堂训练中，让学生把找出的描写草、湖水、花、动物、人的词语或句子读一读。然后教师出示对比句子，让学生进行对比，体会哪种写法好，为什么。接着学生交流课外收集的描写草、湖水、花、动物、人的好词佳句，进行欣赏。之后让学生再回到课文，回顾一下作者是怎样把这些景物连在一起，写成一整段话的。最后，学生模仿课文的写法把自己收集到的描写草、湖水、花、动物、人的语句连在一起形成一段话。学生写完之后，小组交流，互相读一读，然后推荐佳作读给全班同学听。此项训练到此还不算完，因为课堂上的训练只是一种好词佳句的拼凑，是教师教给学生如何运用，实则还要学生亲自去运用。我们结合当时季节的特点布置了一项作业，观察美丽的校园，模仿《锡林郭勒大草原》写《美丽的校园》。

例5：改变句式。

在低年级进行一些变换句式的教学活动是阅读教学应该重视的内容。《画鸡蛋》开头一段是这样写的："四百多年以前，有个意大利人叫达·芬奇。 他是个著名的画家。"这是一般记叙文的写法，告诉读者时间、地点、人物，用不着怎么讲。教师可引导学生换一种介绍方法，但要求讲清楚时间、地点、人物、职业。学生想出了许多说法："四百多年以前有个著名的画家叫达·芬奇，他是意大利人。""达·芬奇是个著名的画家，他是四百多年前的意大利人。""有个著名的画家，他是四百多年以前的意大利人，叫达·芬奇。"这样句式变换的训练，不但扩展了学生的思路，而且使学生学起来生动活泼，饶有趣味。

例6："寻找伙伴"。

"寻找伙伴"就是使学生了解一个词可以跟另外哪些词搭配，用搭配好的不同词语进行口头造句。这样，学生在"寻找伙伴"的过程中拓展了思路，丰富了词汇，提高了遣词造句的能力。如教学《初冬》一课后，教师让学生用"很多"一词造句。学生会说"我们的校园里有很多同学"、"我有很多课外书"等。教师肯定他们说的句子后，接着再问："谁知道'很'除了和'多'搭配外，还可以和哪些词连在一起，说明这个事物或谁是怎么样的？"学生思考了一会儿，就会说出能和"高、矮、长、短、伶俐、干净、关心、勤奋"等词搭配。最后，让他们用自己提出的词或词组口头造句。学生会说"那个人很勤奋"、"这件衣服很漂亮"等。这样，学生学得有趣味，也提高了遣词造句的能力。

例7：课文《荷花》中的句子训练。

《语文课程标准》中指出：语文课程要注意发展学生的思维。也就是说，语文课程承担着发展学生思维的重任。这并不是一件简单的事。教师在平时的教学中，总喜欢让学生"结合课文内容想象文中的主人公好像在说什么"或"如果你是文中的×××遇到这样的问题怎样解决"等。这也是一种训练思维的方法，但显得有些单调和浅显。教师要善于捕捉现有材料中可以利用的资源，来充分训练学生的形象思维。比如，小学语文中的一篇课文《荷花》，虽然教材把它变为阅读课文，但这是一篇文笔非常优美的文章，还是一篇训练学生形象思维和写作能力的佳作。在学完这篇课文后，我们设计了这样一个课后训练。首先请学生边欣赏与课文内容一致的图画，边听一个学生朗读，感受荷花的美。然后根据这幅图画在课文中找出描写这一幅图画的语句读一读。这时教师出示两段话：一句是书中的原句，一句是教师修改后的句子，让学生进行对比，说一说哪句写得好，为什么。对比句如下：

（1）有的刚刚开，有的全开了，有的还没有开。

（2）有的才展开两三片花瓣儿；有的花瓣全都展开了，露出嫩黄色的小莲蓬；有的还是花骨朵儿，看起来马上要破裂似的。

通过对比，学生知道第二句写得好，还知道好在：我们一读就能想象到荷花开的样子。接着教师出示课件，播放一些不同姿态的荷花，让学生欣赏这些美丽的荷花，注意它们的姿态，并且试着想象，看看它们像什么。观赏完毕后，小组互相说一说，然后集体交流。此时教师要鼓励学生大胆想象，充分调动学生的思维，使之活跃起来。集体交流后，再让学生试着按照下面的形式把想象的几种荷花的样子组成一段话说出来。

　　说一段话：这么多的荷花，一朵有一朵的姿势。有的……，有的……，有的……

最后让学生把这段话写下来，再读一读，并问学生读着自己写的这段话，眼前能不能出现一朵朵不同姿态的花。下面是一个学生写的一段话。

　　这么多的荷花，一朵有一朵的姿势。有的荷花从荷叶与荷叶之间冒出来，花头张开一个小口，高昂着，冲着蓝天，好像一个淘气的小男孩冲着天空放声高歌；有的荷花还是一个花骨朵儿，在阳光的照射下，闪闪发亮，好像一颗巨大的紫宝石；有的荷花露出金黄色的小莲蓬，远远望去好像一只精致的小铃铛。

通过这节课的训练，学生不仅学会了如何把事物写具体，更有效地训练了自己的想象能力。因此，教师在平时备课时要善于挖掘教材中可利用的资源，对学生进行思维训练。

小学语文是一门综合性的科目，它肩负着多种任务。教师一定要充分利用教材，用心设计一些有利于提高学生语文能力的训练。

例8：开拓思路训练。

学生掌握了一定数量的词，怎样去运用呢？教师指导得法，学生思路就开阔，造句的内容就丰富；教师指导不得法，学生只会背诵书上的或者教师指出的范句，其结果是千篇一律。所以，教师在指导学生造句时，要注意开拓学生的思路。如要求学生用"骄傲"一词造句，这看起来并不难，但学生往往思路狭窄，只能造出"小明刚开始学习不错，后来骄傲了，没有取得好成绩"之类的句子。

当思路打开后，学生就会说出不同意义的"骄傲"。如："我为祖国飞速发展的航天事业而骄傲""中国足球终于踢进了世界杯，我为之骄傲""人不能骄傲，骄傲会使人走向失败"……通过这样的指导，学生造出了内容丰富、句式也不尽相同的各种句子。

例9：创设情境。

创设相宜的情境，激发学生的表达兴趣，是引导学生用词造句的好办法。《锡林郭勒大草原》一文的练习要求学生用"欢腾"一词造句。在指导学生造句前，教师可创设一个情境：得知教师带同学们到儿童乐园玩，同学们高兴得手舞足蹈。教师要求学生根据这一情境用"欢腾"写一句话。学生很快就写出这样一句话："听到老师说一会儿要带我们到儿童游乐园玩，教室里一片欢腾。""欢腾"一词被贴切地用上了。

三、片段训练

（一）词语连成篇

这种训练形式是用课文中的词语编成一个故事，讲给大家听。

例1：用"每天、窗户、亲人、哥哥、互相、古时候、关门、一元"这些词语编写一个小故事。

我每天都会早早起床，和窗户外面大树上的小鸟相互交流，倾听它的歌唱。它就像我的亲人一样，我把自己当成它的哥哥。每天听着它唱歌，我就会想起古时候的故事，好像神话一样的美。我本想用自己的一元零花钱，给小鸟弟弟买个家，天天为它开门、关门，可是又觉得还是应该给它自由，像我一样自由自在。

在低年级的语文教学中，有大量的集中识字教学。在这样的学习中，光给学生讲识字的方法是不够的，学生需要更多的想象和自我展示的空间。将课文中没有必然联系的词语连起来，编成故事，在此过程中，学生的想象能力得到训练，逻辑能力得到提高。与此同时，词语的词性、功能、用法也都被掌握了。

这种训练也可根据每个学生词语掌握程度不同或练习阶段不同而酌情改变一下题目要求。对待学习稍差一点的学生或刚刚进行这种训练的班级，可以不要求把本课中的每个词都用上，而只选他最喜欢的几个词。

例2：用词语"小兔、萝卜、篮子、高兴"，编一个小故事。下面是学生编的一个小故事。

有一天，小白兔过生日，小猫请它到家里去做客。小猫给小白兔准备一篮子萝卜当作生日礼物。小白兔一打开门，就看见了一篮子萝卜。下午，小白兔回到家，和妈妈讲了这件事，小兔和妈妈都非常高兴。

此类题型重点训练学生的想象能力，在说话课上可以使用。词语联想题的训练，是要有层次、有梯度的。上述两个例子，例1中的词语较多，联想起来比较容易，但联想的空间也小，适合在初级阶段训练使用。教师可给高年级学生一些跳跃性强的词语，也就是联系性不强的词语，如"学校、月球"，这样学生的想象空间就大多了。

在学生说的过程中，教师要加以适当的引导。比如，学生用上了新学的句型，教师就要及时加以鼓励。再如，学生的联想非常精彩，教师也要及时给予表扬。

（二）改写

改写是低年级学生经常进行的一种写作训练。一般情况下，是用一篇文章，改变这篇文章的题材或人称、结构或语言等，再写出一篇与原文形式不同的文章来。改写不是单纯地改变原文的形式，而是在改变形式的基础上，发挥改写时所采用的形式的特长，进一步突出原作的中心思想，使原作的思想内容更加丰富、充实、深刻。因此说，改写是在原文基础上进行的再创作过程，它需要改写者具有较强的阅读能力和分析综合的基本功。

1. 人称改写

对课文《我的战友邱少云》中的"中午时候"到"没有发出一声呻吟"这几段话进行改写，题目为《烈火中的邱少云》。要求只改变人称，不改变原文主要内容、中心思想。展开合理的想象，根据情节需要将文章写具体。

原文中作者李元兴用第一人称"我"来写，只能将"我"活动范围以内的人和事写清楚，而如果我们将文中的"我"改写成第三人称，即用原作者"李元兴"来代替，这样写作的视野会更宽、更广。人称改写的文章主要对原文人称进行改动，但其他内容不能大段大段地照抄原文，应在改变人称的同时改变语言的表达，用自己的语言重新表达原作的内容，作适当扩展，但不能对原作的内容作太大改动，不能漫无边际地扩展，更不能虚构、补充原作者没有写的情节。学生在改写文章时也可合理想象从而体现出人物的英勇无畏的崇高品质。例文如下。

◆ ◆ ◆

烈火中的邱少云

……

排炮过后，敌人疑神疑鬼，生怕前沿阵地埋伏着志愿军，狡猾地放出燃烧弹，潜伏部队旁边的荒草着火了，火苗子呼呼地向四周蔓延，烧的枯黄的茅草毕毕剥剥直响。趴在邱少云旁边的李元兴突然闻到一股浓重的棉布焦味，扭头一看，哎呀！火苗子趁着火势越烧越猛，一团烈火把邱少云整个包住了。

李元兴心里十分着急。他想，我只要跳过去，扯掉他身上的棉衣，就能够救出邱少云。但是如果我这样做了，这次战斗就不能取得胜利，甚至会牺牲更多的战友。李元兴看了看身旁的邱少云，只见他头上冒着豆大的汗珠，双手紧抓着枯黄的茅草，咬紧牙关，一动也不动。此时，邱少云心里想：我如果在这个时候，就地打几个滚，就可以把身上的火扑灭，但是这样一来，我就会暴露目标，我们整个潜伏部队，就会受到重大损失，这一次作战计划就会全部落空。我是一个抗美援朝的战士，一动也不能动，我一定要禁得住党对我的考验。为了革命，为了朝鲜人民，为了这次战斗的胜利，我即使牺牲了也光荣。想着想着，大火烧得更厉害了。

2. 古诗改写

古诗改写是很好的再造想象训练。阅读文艺作品或听别人讲故事时，头脑中会浮现一个个生动的情景和画面，阅读古诗时，诗中的画面也会展现在眼前。把《黄鹤楼送孟浩然之广陵》这首古诗改写成一篇记叙文，根据诗意，展开合理想象，扩充情节，使情节的发展基本符合原诗的意境。改写时要先想想：哪些地方要改？原诗的材料和中心思想不能改变。再想想：该怎么改？主要扩充的情节应是什么？哪些情节只要稍微改一下即可？改写要注意有详有略。这些当然都要在理解原诗的基础上进行。根据并无情节的短短四句诗想象出符合诗句意境的情景，是不容易的。例文如下。

◆◆◆

黄鹤楼送孟浩然之广陵

唐朝的李白，是个大诗人。他和孟浩然是多年的老朋友。由于有共同的爱好，他们之间的友谊越来越深厚。他们经常在一起喝酒谈诗，几乎形影不离。

这年的阳春三月，孟浩然被派去广陵。那里正是烟雾迷蒙、繁花似锦之地，李白很是向往却更是不舍好友离去。临行前李白就天天设宴为好友孟浩然践行，难分难舍。

出发的这一天终于来临。一大早，李白就来到长江边的黄鹤楼为孟浩然送行。江岸路边已绽出点点野花，蓝天飘着几朵白云，虽是春天也还有几分凉意。李白把朋友送上船后，伫立在岸边，久久地注视着那渐行渐远以至于消失在茫茫水天相接之处的一片孤帆。一直看到帆影逐渐模糊，消失在碧空的尽头，他却还在翘首凝望。一江春水，在浩浩荡荡地流向远远的水天交接之处。他的心怅然若失，仿佛心里也像波涛一样在翻腾。他向往扬州，又向往孟浩然，无穷的诗意随着长江水荡漾，离别情满在这神驰目注之中。

（三）续写

续写是很好的创造想象的训练。创造想象是独立地创造出新表象的思维过程。学生根据所给内容能够续写出文字优美、富有新意的文章，他的构思就是创造想象。

续写，是拿出一篇完整的文章，让学生再构思一些情节，写成一篇与原文有联系的文章。续写的文章在内容上要与原文的内容有密切的联系，又要有相对的独立性。续写时应注意：不能改变原文的题材，原文中的主要人物在续写文中也应该是主要人物。想象活动是续写的基础，想象一定要合理，主要人物的思想行为、性格特征要保持一致，人物的转变也要有其合理性。注意原文的语言特点和风格，尽量使续写与原文在这些方面保持一致。

1. 人物类文章续写

根据课文《穷人》续写文章。这个练习又是一次提高学生理解能力、分析能力和想象能力的好机会。要想使续写的新故事合情合理，我们必须对课文有较深刻、较透彻的理解。另外，应该在理解课文的基础上，展开合理的想象，注意描写人物的语言、动作、心理、神态。例文如下。

❖❖❖

穷 人

桑娜一家仍一天一天地熬日子过，生活条件也越来越差。

转眼间，五六年飞一般地过去了。终于有一天，倾家荡产的桑娜家就只剩下一小块又硬又黑的面包了。桑娜要留给自己的五个大一点的孩子吃，却又突然想起西蒙死时的悲惨场面，不由得深感惭愧。她心想：唉！谁让我养了他们两个呢！既然养了，就得好好照顾他们，这样，我也对得起在九泉之下的西蒙呀！她这样想着，不由自主走向另外两个六七岁的小不点，同时把黑面包掰成两半让他们吃。正在这时候，她听见了一个人的敲门声。渔夫把那扇破的不能再破的门打开，只见门外站着一个瘦得皮包骨头的小男孩儿，西蒙的两个懂事的孩子都毫不犹豫地跑过去，把手中的黑面包递给了那个小孩子。小男孩儿对他们说："谢谢你们，你们的心可真好，上帝一定会保佑你们家的！"

说罢，那个小男孩一下子就消失了。桑娜一家还以为他是上帝派来的呢！

此后，桑娜一家的五个儿子和西蒙的两个孩子每天都帮助渔夫打回好多的鱼。慢慢地，他们家富裕起来了。

不久，十月战争爆发了，桑娜和西蒙的七个孩子都去当兵打仗了，只剩下白发苍苍的桑娜和年迈的渔夫两个人在家中。七个孩子很英勇，都当上大大小小的官。他们用自己的鲜血捍卫了祖国的和平。

战争结束了，几个战场上的英雄终于回到了他们朝思暮想的家园。

从此，桑娜一家幸福、快乐、美满地生活在一起。

2. 童话类文章续写

学习课文《卖火柴的小女孩》后，根据课文的情节，展开想象，续写后来发生的事情。童话的情节，全靠想象在脑子里编织，这对我们续写后来的事或其他的结果很有启发。只有根据课文提供的情节与结局，展开丰富的想象，才有可能在童话原有的基础上，再接下去写。小女孩死时脸红红的，带着微笑。她死前的希望是什么？她面临的现实情况又是怎样的？我们可以由她的死亡，想到人们对她的同情、对她悲惨命运的思考，乃至于采取什么行动。可以由她死时的微笑，想到她来到我们身边，跟我们一起享受幸福的生活。例文如下。

❖❖❖

卖火柴的小女孩

小女孩跟着奶奶来到没有寒冷、没有饥饿、没有痛苦、只有幸福和快乐的天堂。

小女孩和奶奶在天堂中快乐地生活着，她们也经常祈求上帝，保佑自己的国民早日过上像天堂一样的幸福生活，世界没有战争，只有和平。希望世界会变得比天堂还要美。

就这样一天又一天，一年又一年，她们时时刻刻都这样想。有一天，一个很偶然的机会，小女孩和她的奶奶知道自己家人生活好起来了，她们高兴极了。一切都变了，小女孩想回家。就在这天晚上，小女孩在床前看星星，一颗流星闪过，小女孩闭上眼睛，默默地许了一个愿："我想回到家里看看，哪怕一个晚上也好。"

小女孩天天都在等这个愿望能成真。

就在大年夜这晚，小女孩的愿望实现了。她来到自己的家里。

"啊！这里可真美啊！"她情不自禁地赞叹起来。"是谁？"小女孩的爸爸出来了。"是我啊，爸爸！""孩子，是你啊！"小女孩依偎在爸爸怀里，感到温暖极了。

……

教学《只有一个地球》后，让学生续写。有的学生意识到如果人类不加节制地毁坏自然资源，那么，我们生存的地球就会遭到破坏；有的学生意识到保护地球应从小学生做起；还有的学生意识到核武器会给人类的生存带来严重的威胁。种种实践表明，这种作文形式使学生的认识水平与思维水平得到显著提高。

（四）缩写

缩写，就是把一篇比较长的文章，按要求压缩成一篇较短的文章。这种写作训练可以培养学生的分析能力、概括能力，也可以提高用精炼简洁的语言说话的能力。缩写时应注意：第一，缩写后的文章不能改变原文的中心思想，要保持原文体裁、主要情节、人物名称及层次；第二，缩写文段落和层次的衔接、过渡要自然合理，不能出现衔接生硬牵强的现象，要防止写后不是完整的文章而成为原文的提纲或出现支离破碎的语言的情况；第三，在语言上要下功夫，力求使语言简练，并具有较强的概括力。

（五）仿写

仿写，就是模仿某些文章的立意、谋篇布局等表现手法来写文章。模仿是创造的准备和前提，对于小学生来说，这是作文的必由之路。仿写时要自然、妥帖。仿写，一般是仿别人的形式写自己的内容，因此，要在弄懂弄通范文写法特点的基础上进行仿写。仿写也要有一定的创造性，不要生搬硬套，更不能照搬原文，要进行创造性的仿写。

如仿照《小站》的写法，写一篇文章。例文如下。

❖❖❖

房　间

我有一个温暖的小天地，这就是我的房间。刚进房间，首先映入眼帘的是黄色的写字台。在写字台的左边立有一个蓝色的台灯，造型十分特别。与它平行的右边是一个精致漂亮的笔筒。每天回到家坐在写字台前，笔筒上的小姑娘似乎在向我招手。

在写字台的左右两侧各有一个书柜，里面摆放着整整齐齐的书籍。

左边书柜的下方，摆着一张舒适的床。床上……

（六）学写过渡段

过渡段是段与段之间的"梁"，就是把两个段落或两个层次衔接起来。过渡常用的方法有关联词语过渡法、句子过渡法、段落过渡法。过渡段能够使读者的思路顺利地由前者过渡到后者。过渡段起着承上启下、语气连贯、衔接彼此的作用。

（七）限定内容或范围写片段

限定内容或范围写片段，就是紧紧围绕着给定的内容或范围写片段，最重要的是要符合要求，想象合理，表达清楚明白。

例1：要求写一段话，可以是自己观察过的日出景色，也可以写日落、刮风、下雨、叶落等其他自然现象，注意把变化的过程写清楚、写具体。

例2：要求沏一杯茶，观察茶叶在水中的变化，写一段话。

总之，在小学六年的时间里，通过采用灵活多样的训练方法，培养学生的观察、思维和表达能力，提高学生的认识水平，发展学生的形象思维是教师促进学生语文能力提升的重要途径。

基本训练与综合训练相结合，才能把作文写好。所谓基本训练，是以观察为基础，对学生进行说话、想象、习作等系列训练，培养学生基本的观察、读写能力；所谓综合训练，是将学生观察想象、遣词造句、连段成篇的基本能力进行综合运用。综合训练对不同年级的要求是有层次、有区别的。教学中，我们从命题作文、想象作文和观察作文三个方面对学生进行综合训练。

第一节
如何抓好命题作文训练

命题作文是我国传统作文教学对学生进行写作训练的一种主要方式。命题作文一般是由教师出题，学生依据题目的要求和自己生活中的体验写出文章。通过这种形式，教师可以根据学生作文能力的形成过程及认知规律，对学生进行有目的、有计划的严格训练。通过训练，使学生正确运用语言文字进行表达和交流，培养学生观察想象、布局谋篇、遣词造句、表情达意的能力，全面提高学生的作文水平。

　　既然命题作文是写作训练的一种主要方式，那么，怎样才能写好命题作文呢？有人说："文无定法。"意思是说，写文章没有一定的写作方法。这话不无道理。举例来说，每年我们都要进行期末或毕业升学考试，学生都要答同一张试卷，都要用同一个题目写文章。每年都会涌现出一批好文章，这些文章不但体现了较高的思想境界，而且文笔通畅、词句优美。这些文章选取的材料十分丰富，表达方式各不相同。这就充分说明写文章不是千篇一律的，而是各具特色的。只要我们仔细研究便会发现，这些文章的写作方法和表现技巧有很多共同之处，它们都符合习作的基本要求。

　　那么，写文章到底是"有法"还是"无法"呢？我们说："有法，但无定法。"这就是说，写文章是有一定的方法和技巧的，它反映了写文章的一般规律，不管写什么文章都要遵循这样的规律，这就是"有法"；但是写文章时，每个人掌握的材料不同，思路不同，这就要求在运用材料和使用方法时，灵活掌握，随机应变，力求写出自己的特色，这是我们所说的"无定法"。

　　由此可见，我们认识和掌握写作方法及写作技巧是十分重要的，因为它是前人写作经验的总结，是写作的基本方法，也是以后提高写作水平的基础。学生要掌握哪些写作方法和表达技巧呢？在小学阶段，学生主要应掌握审题、选材、描写、观察生活、修改文章等方法和技巧，还应该注意写好文章的开头和结尾，以及注意用好标点符号。

一、重视审题

　　审题，就是对题目进行认真的审查，全面准确地理解题目的含义，明确题目的要求。任何一种作文题目，都既有它的限制性又有它的灵活性。所谓限制性，就是指作文题目对文章的写作范围、对象、内容和体裁等做了明确的规定。所谓灵活性，就是在上述规定的范围内作者对文章的立意取材、布局谋篇、遣词造句等内容可以自行选择、自由发挥。我们在审题时，要正确地把握题目的限制性，充分地发挥题目的灵活性，使限制性和灵活性得到最大限度的和谐统一。

（一）如何审题

如何正确审题？我们认为应该注意以下几点。

1. 正确理解题意

要认真仔细地研究题目，弄清题目所规定的范围是什么，找出题目的重点词，以便在写作文时突出重点。

比如，《一件难忘的事》，这个题目由三个词组成。"一件"限制了数量，只许写一件事，不能多写；"难忘"限制了内容，只能写留下深刻印象的事；"事"限制了文章体裁，是一篇写事的记叙文。通过分析不难看出，这个题目的重点词是"难忘"，因此写这篇文章就要围绕难忘和怎么难忘去写。

又如，《一件新鲜事》，要想正确理解这个题意，关键是正确理解"新鲜"的意思。如果学生认为这个"新鲜事"是指"第一次发生"的事、"少见"的事、"从未发生过"的事，那就狭隘了，选材面也就太窄了。其实，某些事虽然很普通，但对某个家庭、某个集体、某个人来说却是第一次，实际情况是新鲜事。另外，有别于常情、有别于常理、出人意料的事也是新鲜事。如果这样理解，这个作文题目就不难写了。婚礼是常事，但老年人婚礼却是新鲜事；青年人跳街舞是常事，但老大娘跳街舞就是新鲜事……

2. 搞清写作范围

要既准确又最大限度地把题目不限制的范围搞清楚，这对于开阔选材思路，选择典型、新颖的材料有重要作用。

还以《一件难忘的事》为例，它没限制的范围是什么呢？它没限制这件事发生的时间和地点，没限制这件事的人物，也没限制是哪一件难忘的事。

又如，有的学生看到《他（她）值得夸奖》这个题目，就会马上闪现出助人为乐、拾金不昧、关心集体、热爱学习这几个概念，认为做到这几方面的人就值得夸奖。其实，这就是没有最大限度地弄清"夸奖"的内涵和范围。热爱祖国、知书达理、知错就改、爱护公物、廉洁奉公、尊老爱幼、心胸开阔、敢于斗争、身残志坚、公私分明、志向专一、艰苦朴素、孝顺长辈、信守诺言、平易近人、不谋私利、不耻下问、心灵手巧、技艺超群、文明礼貌、工作负责、讲究卫生、热爱劳动、聪明勇敢……难道不值得夸奖吗？

我们在审题时，能做到这点，就不会感到题目限制太死、太难写了，就会写出很多新颖的内容来。

3. 辨明写作体裁

要认真辨明题目对文章体裁提出的要求，这是写作文时安排段落层次的重要依据。

比如：《一件难忘的事》是写一件事的记叙文，可以按事情发展顺序安排段落；《我的老师二三事》是写一人几事的记叙文，可以按不同的内容安排段落；《春游北海》是游记，可按地点变化顺序安排段落；《我的一天》是写事的记叙文，可以按时间顺序安排段落。

（二）审题的方法

1. 分析法

作文题目通常是由几个词语组成的。审题时，先弄清题目中包含几个词语，逐词推敲每个词语是什么意思，再进一步搞清这些词语之间是什么关系，全面比较，明确主要内容、修饰语、中心词，明确写作范围，抓住重点进而准确地理解题意。

例如，《珍贵的礼物》是由"珍贵的"、"礼物"两个词语组成。"珍贵的"是限定说明"礼物"的，因此，"礼物"就是要写的对象。题眼是"珍贵"，作文重点在于揭示这件礼物为什么是珍贵的。

再比如，《一个热爱学习的同学》是由四个词语组成。"一个"限制了范围，只能写一个人。"同学"限制了人物，只能写自己的同学，不能是其他人。"热爱学习的"是对"同学"的限制。这个题目的中心词是"同学"，"一个"、"热爱学习的"是对同学的限制，也规定了这篇作文的内容。

2. 比较法

把意思相近的几个作文题目加以比较，找出相同点和不同点。这是一种重要的审题方法。利用这种方法，可以更准确地理解题意。

比如，教师出了一个作文题目《我喜欢的一个人》，学生就可以想出《我尊敬的一个人》和它比较。这两篇文章都是写人的记叙文，并且都要求写一个自己熟悉的人。那么不同点呢？"喜欢的人"，一般是自己的同学或晚辈；"尊敬的人"，必须是自己的上级或长辈，或者是那些英雄、模范。这样一比较，题意就理解准确了。再如，看到《我的语文老师》这个题目，学生可以自拟《我的老师》这个题与之比较，这样就可以看出题目是要求写"语文老师"而不是其他老师了。

3. 补充法

为了给学生更大的选择余地，作文题目往往出得带有一定的选择性，这样也就增加了审题的难度。遇到这类题目，可以在原题的基础上适当地增加些要素，这样便能看出题意了。

例如《雨夜中》，初看不易把握，如果在题目加上"这件事发生在"或者加上"他（也可是'我们'等人称代词）在"，题目就成了《这件事发生在雨夜中》或者《他在雨夜中》了。也可以在题目后加上"的故事"、"的一件事"，使之成为《雨夜中的故事》《雨夜中的一件事》等，题意就明朗了，也就容易下笔了。

另外，有些作文是半命题，作文题目的意思并不完整，这时就需要用补充法审题。

例如《我的××》，补充的对象可以是人，如《我的老师》，可以是物，如《我的语文书》，也可以是兴趣方面，如《我的爱好》。这样题意就具体明确了，也有了重点。补充时，一定要从实际出发，选择自己最熟悉的内容。

再例如《我喜欢》，遇到这种新情况，就要认真思考，在这个题目之下，都可以写什么，再从中找出最熟悉的内容来写。可以写人——同学、小伙伴等；可以写物——玩具、文具、日用品等；可以写景——公园、日出、日落、雪等；可以写动植物——树木、花草、小动物等；可以写活动——参观、游览、队会等。

（三）审题的基本要求

1. 审清对象

例如《老师来到我们家》，写作对象应当是事，不能因为题目中有"老师"就认为是人；《友谊》的写作对象既可以是人，也可以是事；《让人高兴的变化》的写作对象是一种变化，那么写人、事、景、物的变化都可以。

2. 审题范围

审题时，还要明确题目对我们所选择的材料在时间、空间、数量及人称等范围上有哪些限制。《快乐的双休日》《夏夜》《晨雾》等题目对时间有限制，《爱在班级》《路边》等题目对地点有限制。

例如《发生在家里的一件趣事》，有一个学生写了他们全家正要吃饭，忽然发现了一只老鼠，于是全家一起捉老鼠。这是"发生在家里"的"一件事"，而且有"趣"，符合题目要求。这表明小作者审明了"范围"。

3. 审准重点

重点是文章要表现的主要内容或主要内容的主要方面。审重点最好是找题眼。题目中往往有关键词语，这个关键词语就是题眼。例如，《发生在家里的一件趣事》中的"趣"，《爱在班级》中的"爱"都是题眼，写作文时应重点写。

除了上面的要求外，还应看清题外要求，如"字数不得超过400字"、"字迹要工整"等。为了让学生记得更牢，我们编成了如下的顺口溜：

怎样审题

要把作文练，审题是关键。

题目有题眼，重点来体现。

条件和限制，也要看周全。

二、怎样选材和剪裁

俗话说"巧妇难为无米之炊"。意思是说，再巧的媳妇，没有米也不能煮出饭来。这正像我们的作文一样，题目审得再好，语言运用得再生动、流畅，要是没有材料也没有办法写出文章，即使勉强写成，也是空洞无物，没有实际内容。有些学生还常常生编硬造，编一个故事。这样的文章不但漏洞百出，而且缺乏真情实感。这样的文章写出来，恐怕连自己都不爱读。所以，写文章首先要解决选材的问题。这也是学生在作文中遇到的最头疼的事情。那么，怎么选材呢？我们说，选材要注意选择那些有时代感的材料。其实，做到这点也很容易，只要做到下面几点，选材的问题就解决了。

1. 围绕中心选材

因为中心是文章的灵魂，所以材料要受中心的制约，不能想写什么就写什么。无论是记人还是叙事，都必须选取最能表现文章中心的材料。这一点是选材的基本标准。

有一个学生在《我最喜欢的一件玩具》这篇作文中是这样选择材料的。

他首先交代自己最喜欢的玩具是发光转轮，是妈妈送给他的"六一"礼物。他选这个材料的目的，是说明他最喜欢的是什么，以及这件玩具的来历。

接着，他写了这件玩具非常漂亮，色彩鲜艳，并且在玩的过程中增长了不少科学知识。他选这些材料，是想说明他为什么喜欢这件玩具。

最后，写了他一有时间就玩这件玩具。一次，表弟想要这件玩具，小作者用玩具柜里所有玩具和他换，才保住了这件玩具。他选这些材料来写，实际是说明他多么喜欢这件玩具。

这个学生的选材非常准确，紧紧围绕"最喜欢"这个中心来选材。

2. 选材要典型

所谓"典型"，就是要选择那些最有说服力、最有表现力的材料。要想选材典型，就必须掌握丰富的材料，这样才能通过比较选出最理想的材料。

只有选用典型材料，才能使文章更生动有趣，使中心思想更鲜明、更深刻。

作家魏巍很注意选取具有代表性的典型材料作为写作的题材，比如他写的《再见了，亲人》就是其中一例。作者为表现中朝两国人民用鲜血凝成的情谊，选取了三个代表人物、四件震人心弦的往事来写，达到了催人泪下的艺术效果。

三个代表人物是朝鲜大娘、大嫂、小金花，这是老、中、少三代人的代表，是全体朝鲜人民的代表。

四件震人心弦的往事：第一件是大娘领着全村妇女给阵地上拼了三天三夜的志愿军战士送"打糕"，而大娘却累得昏了过去；第二件是在敌机轰炸时，大娘把志愿军伤员背进防空洞，因而失去了自己唯一的亲人——小孙孙；第三件是小金花协助妈妈营救志愿军侦察员，因而失去了妈妈；第四件是大嫂为志愿军挖野菜，被敌人炮弹炸伤致残。这四件事的的确确表现了中朝人民的情谊是用鲜血凝成的，是比山高比海深的，这是最有说服力的典型材料。想一想，连自己和亲骨肉的生命都舍得牺牲的人还有什么不肯无私地奉献出来的呢？文章通过这样的典型人物的典型事例来说明：这是怎样的一种亲人呀？文章的中心思想因而非常集中、鲜明、深刻。学生的作文中也有类似的例子。一个学生写的《我的家庭》，这篇作文的中心是：表现自己的家庭是个尊老爱幼的和睦家庭。为了表现"尊老"这一中心，他最初想写爸爸在医院精心护理奶奶的事。这件事可不可以用呢？当然可用。可后来他又想，儿子照顾妈妈是应当的，说服力不强。在中国的家庭中，不容易处好关系的是婆媳，而他妈妈和奶奶的关系非常融洽，写妈妈孝顺奶奶不更能突出中心吗？如此一来，这个学生的选材就是典型的。

3. 选材要新颖

所谓"新颖"，就是说选择的材料要新鲜、别致，不落俗套。那些"捡钱包"、"上车让座"等题材写的人太多，已经不能引起读者的兴趣了。选新颖的材料并不是非去找那些百年不遇的稀奇古怪的事，而是选择那些别人没有注意到或别人没有写的事。选择了新颖的材料，还要进行分析，写出新的认识和感受。这种文章别人读了才能感到耳目一新。

一次，教师出的作文题目是"礼物"。大多数学生都写自己过生日，家长和同学送了什么礼物，自己心情如何愉快等。这样的选材就太俗了。一个学生却选了这样一个题材。姐姐上了中学后，逢年过节、过生日，爸爸妈妈也给她礼物，但又不马上送给她，而是锁在一个箱子里。为什么呢？爸爸妈妈说姐姐如果能考上重点高中，才能把礼物一起送给她。父母整天逼着姐姐念书，姐姐为了考上重点高中，废寝忘食地学习。最后，当重点高中的录取通知书送到家时，姐姐却因心脏病发作而去世了。妈妈后悔了，抱着礼物箱痛哭，但为时已晚了。这是多么令人心碎又令人沉思的题材呀！

4. 选材要真实

所谓"真实"，就是所选材料应该是真实的事，最好是自己亲眼看到、亲耳听到或是亲身经历过的事情。我国著名教育家叶圣陶先生说过："作文要说真话，说实在话，说自己的话……"这对写作文是有指导意义的。那种无中生有、任意夸大的胡编乱造是很不可取的。所选的内容是真实的，表达的感情才会是真实的，叫人读了才能受感动。"情"要"真"作基础。作文是对客观生活的反映，生活本身是丰富多彩的，多彩的生活必然引起人们喜、怒、哀、乐等丰富的感情。很难想象，一个人能凭空地说高兴就高兴，说生气就生气，说懊悔就懊悔……我们要像俄国一位作家所提倡的那样，写自己体验过、思考过、感受过、爱过的东西，这样才可能用自己的真情实感去打动读者，才能反映事物的本质和主流。真实的材料，准确可信，本身就是最有说服力的。

上面我们谈的是选材，下面，我们再谈一谈剪裁。什么叫剪裁呢？剪裁就是把我们依据题目要求给选取的材料做一番加工，好像我们做菜之前先要把菜择好，然后洗干净，做衣服之前缝纫店的师傅先要把布料裁剪成衣服的形状，再缝制成衣服一样。我们要做一番去粗取精的工作，要考虑好选择的这些材料中哪些最能表现文章的中心思想，在写作的过程中，只细致描写与文章要表达的主题关系密切的部分，其余的则要删掉。

我们把选材、剪裁的方法也编成顺口溜：

怎样选材和剪裁

审完题目要选材，材料全从生活来。

材料要是亲眼见，越新越小越真切。

材料选好要加工，围绕中心讲策略。

与题无关要删除，精工细作把头开。

三、怎样拟定写作提纲

选好了材料以后，就要拟定一个写作提纲，我们通常叫"列提纲"。列提纲，就是审题以后根据题目要求确定文章所要表现的中心，然后根据自己的积累选好材料并给选好的材料排排队。决定叙述的顺序，即先写什么，接着写什么，再写什么，最后写什么。哪些内容详写，哪些内容略写，做好标记。还要考虑开头、结尾，以及用什么样的方法表现中心，对全篇文章做一个通盘的打算。写作之前列提纲好比盖房子之前要搭架子，架子搭好房子的形状也就定下来了。提纲指引着我们写作的方向，提纲考虑得越周到，写起文章来就越顺利。有了提纲，就可以防止跑题、偏题的现象。

下面是两个学生的写作提纲。例1属于记事的文章。小作者选择了一件典型事例，表现教师关心学生的好品质。例2属于写人的文章。小作者选择了三件具体的事，表现爷爷乐于助人的好品质。

例1：《学校里发生的一件事》写作提纲。

（1）一天放学后，因为闹着玩儿，我的手被门弄伤了，疼痛难忍。（交代事情发生的时间、地点和事情的起因，用开门见山的方法）

（2）老师知道后，冒着大风骑着车带我去医院。（详写）

①老师看到我受了伤，十分着急。（详写，注意写老师的神态）

②老师骑着车带着我，顶着大风来到医院。（详写，注意对老师的动作、神态进行描写）

③我心里非常感谢老师。（略写）

（3）老师把我送回家，我们全家都很感谢老师。（略写，用人物语言结尾，尤其写好妈妈的话）

例2：《我热爱他》写作提纲。

（1）介绍爷爷是个乐于助人的人。（略写）

（2）具体写爷爷怎么乐于助人。（详写）

①下雨了，爷爷帮助王阿姨收回晒在外面的被子。（略写）

②爷爷帮助李奶奶把菜提到四楼。（略写）

③爷爷不怕天冷路滑，冒雪帮助生病的张爷爷交电费。（详写，写好爷爷的神态、动作以及爷爷和张爷爷的对话）

（3）我们家属大院儿的人都夸爷爷人老心红、乐于助人。我非常爱我的爷爷。（用人物语言结尾，注意选择）

相信，看了这两篇文章的提纲，我们一定会猜到小作者将写出什么样的文章来。这样的提纲就列得很好，起到了指导写作的目的。

第二节
练好记叙文写作基本功

我们写文章离不开写人、记事、写环境、写场景。怎样才能把这几个方面写得具体、生动、形象、感人呢？这在很大程度上取决于描写。

描写就是在记叙过程中，用具体、生动、形象、感人的语言，对人物、事件、景物、环境加以描绘。要想把文章写得具体、生动、形象、感人，离不开描写。成功的写人可以使人物有血有肉、有声有色，使读者如见其人、如闻其声、如观其容；成功的写景可以使意境鲜明，使读者产生置身其间的感觉。如果缺乏必要的、成功的描写，文章必然显得干瘪枯燥、没有生气。

我们周围每个人的外貌、行动、语言都有其与众不同的、独有的特征；我们周围的景物，一年四季，昼夜早晚各有特色，都不相同。要想把神态各异的人、千变万化的景、千姿百态的物写出来，就要抓住他们（它们）的特征去描写，这样写出的文章才会具体、生动、形象、感人。

一、怎样写好一个人

写人为主的文章是通过描写人物、描写人物之间的各种活动以及人物之间的关系来表现生活的。只有写活了人物，才能达到教育人、感染人的目的。怎样抓住人物的特点去描写人物呢？我们通常是对人物的外貌、语言、行动和心理活动等方面进行详细具体的描写，以展示人物的性格特征和精神面貌。

1. 人物外貌的描写

人物外貌描写也叫肖像描写。外貌描写主要是指对人物的身材、衣着、容貌、神情等方面进行描写。我们认识一个人，往往是从认识他的外貌开始的。成功的外貌描写对表现人物的精神品质有辅助作用。那么，怎样描写人物的外貌呢？写好人物外貌，要注意三点：一是一定要抓住人物的外貌特征，写出一个人独特的、与众不同的容貌，克服我们在写作中出现的"千人一面"的现象；二是要写出外貌因环境、事件、思想感情的变化而变化的情况，使文章更具体；三是要根据文章中心的需要，为表现人物的精神品质进行外貌描写。例文如下。

我的表弟叫杨帆。他才四岁，长着一对水灵灵的大眼睛，一张喇叭花似的嘴向外噘着。这张"喇叭花嘴"真像一个大喇叭，看见自己不顺眼的事就吵个没完。

这段外貌描写，小作者抓住了表弟的外貌特点——"喇叭花嘴"来描写，特点突出，表现了表弟的性格，为下边文章作了铺垫。这样的外貌描写就很成功，因为外貌描写起到了为中心服务的作用。再看下面的例文。

李教师看到我摔得那样重，脸上失去了微笑。她皱紧眉头，那双大眼睛里含满了泪水。她安慰我说："别怕，老师送你去医院。"说完，她抱起我就往医院跑。一路上，我感到她呼吸越来越急促，睁开眼一看，她那白皙的脸涨得通红，豆大的汗珠从额角流下来，两鬓的几缕头发已经全湿了，紧紧贴在脸上。

在这段外貌描写中，从"那双大眼睛里含满了泪水"看得出教师是因心疼学生而落泪，而"那白皙的脸涨得通红……两鬓的几缕头发已经全湿了，紧紧贴在脸上"形象地写出了教师为学生受伤而着急的心情。这些外貌的变化，正是教师关心学生的自然流露。这段外貌描写，也为突出教师的好品质起到了辅助作用。

2. 人物语言的描写

我们在写人的时候，要想让人"活"起来，就得让人说话，即描写人物的语言。这里讲的语言，指的不是长篇的谈话，而是一个人在某种场合下的独白或几个人之间的对话。俗话说："言为心声。"一个人说的话，无论是滔滔不绝、慷慨激昂的演讲，还是宽松和谐、娓娓有情的话语，或是在不知不觉、莫名其妙之中的自言自语，都能反映人物的思想感情。好的对话描写能使读者"闻其言，观其人"。如果我们写对话时"千人一腔"，就违背了生活的真实，达不到写人物对话的目的。因此，写人的文章，一定要写好人物的语言。

　　写好人物的语言有以下几条要求：一是人物的语言要符合人物的身份、性格、年龄特征，要"什么人说什么话"，不要说假话、套话；二是写人物的语言要恰当地表现出人物之间的关系；三是写人物的语言最好配上人物说话时的神态、动作。请看例文。

◆◆◆

　　吃晚饭时，我把腌好的萝卜条端到桌子上。妈妈吃惊地说："嗬！瞧你切这么长，怎么吃啊！"我说："你不是让我切一指长吗？我切得比我的手指头还短了一点儿呢！"爸爸笑着说："要和我的手指头比，你切得就短了，不到一指长嘛！"妹妹在一旁也插了嘴："姐姐，要切成擀面杖那么长，该多省事啊！"妈妈用手比画着说："一指就是这么长。"啊！原来"一指长"指的是一个手指头的宽度那么长啊！我恍然大悟，不好意思地吐了一下舌头。

　　这段对话，人物语言描写得很好，因为这些语言准确、生动地表现了人物之间的关系。其中，妈妈的责怪，爸爸和妹妹的嘲讽，都充满了善意，体现了家庭成员之间的亲密和睦。作者在描写对话的同时，还描写了人物的神态、动作，使对话更生动，如"妈妈吃惊地说"、"用手比画着"、"爸爸笑着说"、"我恍然大悟，不好意思地吐了一下舌头"。

　　3. 人物动作的描写

　　有的学生写作文时，常常用一些类似品德评语的话，像"认真学习"、"刻苦锻炼"、"助人为乐"等，缺乏具体的描述，因而笔下的人物形象单薄。那么怎样摆脱这种困境呢？先讲一个故事。

　　有个哑女卖刀，她不能说话，无法用富有诱惑力的语言宣传自己的产品。于是，她就在大庭广众下当场表演，她把刀放在细铁丝上，一瞬间，细铁丝分为两截，而刀刃无损；接着，她手起刀落，面前的粗铁丝转眼间被分为数截，但刀刃锋利如初。这个哑女没有说一句话，但她的摊位前排起长龙，人们争相购买她的刀。

这个哑女是通过动作"说话"的。哑女卖刀如此，我们写文章同样如此。写人，给他（她）下多好的结论并不重要，重要的是写出人物在做这件事的过程中的动作和神态。如果文章中没有人物动作的描写，只是写一些"尊敬老人"、"热爱劳动"、"不怕脏"等概括的词语，不能给人留下深刻的印象。行动是人物形象的具体表现，人物形象往往是通过外部行动体现出来的，写好人物的动作和神态，有利于具体展示人物的形象。

在作文中，我们要把人物在特定事件中的表现——具体动作，加以具体描写，用事实说明他的为人。我们写人物动作，不是为写动作而写动作，而是要通过人物的动作描写来表现人物的内心世界，因此，要注意选择那些能够表现人物思想感情的动作来写。请看例文。

◆ ◆ ◆

我先用笤帚把冰上那层厚厚的雪扫到了路旁，然后就用铲子铲冰。可是冰太硬了，我使出吃奶的力气才铲下来一些碎渣，这可怎么办呢？我左思右想。有了！我想出了一个好办法。我双手握紧铁铲使劲向下戳，铲子尖戳进了冰里。我又顺着裂缝往上一撬，嘿，真灵！那冰下来了一大块。

这段文字具体描写了小作者在寒冷的冬季冒着风雪铲冰的情景。小作者运用了准确的动词——扫、铲、戳、撬，描写他奋力铲冰的过程。通过这段描写，我们看到了这位助人为乐的少先队员在寒冷的冬季奋力铲冰的形象。

由此，我们不难体会到，要写好人物的动作，就要准确地运用动词，其次要仔细观察，抓住能够表现人物思想感情的动作。

4. 人物心理活动的描写

我们写人时，不但要描写他（她）的表现，还要注意描写自己的心理活动，以此衬托他（她）的精神品质。心理活动好比无声的语言，它能直接表现人物在想什么或想要做什么，从而表现人物的情感和思想品质。这里要注意，心理活动只能写自己的，因为心里怎么想，只有自己知道，别人心里怎么想是无法知道的。心理活动描写多种多样，主要有以下四种。

（1）直接倾吐。人物的心理活动由人物直接倾吐，也就是由文章中的"我"直接揭示自己的内心世界。如《我的战友邱少云》一文中，当"我"看到邱少云被一团烈火包住时，"我的心绷得紧紧的。这怎么忍受得了呢？我担心这个年轻的战士会突然跳起来，或者突然叫起来。我不敢朝他那儿看，不忍眼巴巴地看着我的战友被活活地烧死。但是我忍不住不看，我盼望出现什么奇迹——火突然间熄灭。我的心像刀绞一般，泪水模糊了我的眼睛"。这段心理描写，不仅反映了战友之间真挚的感情，更重要的是反映了邱少云处境的危急，烘托出邱少云的坚强意志和伟大精神。

（2）内心独白。通过人物的自言自语说出自己的心里话或说出对某一问题的看法。如《我的心事》一文中，当"我"拿到了电影票想自己去看电影时，又想到了自己跟小弟弟互相许的愿——"我"给他电影票，他给"我"玉米棒子，这时"我"顿时呆住了。"真糟糕，学校里只给每人发一张票，这不是叫我为难吗？怎么办呢？把这张票给了他们吧。哎呀！《大闹天宫》，我盼了好多天了。不给可也不行，我说过给他们的呀。我急得在门口打起转转来。左思右想，我终于想出了个主意：下回学校再组织看电影，不管多好的片子，我都把票给他们。"这段内心独白，写出了小作者因太想看电影《大闹天宫》而违背了诺言，自己内疚，告诉读者自己要做个"说话算数"的人。

（3）内心感受。通过人物心里的感受来表现人物的难过、感动之情。如《金色的鱼钩》一文中，"我"看到老班长不吃饭，嚼着草根和吃鱼骨头时，"我觉得好像有万根钢针扎着喉管"，看到老班长递给"我"的鱼汤时，"我端起搪瓷碗，觉得这个碗有千斤重，怎么也送不到嘴边"。这些感受反映了老班长舍己为人的精神，感人至深。

（4）言行表露。一个人的心理活动还常常表现在言行中，因此，对一定心理状态下产生的言行进行描写，同样能够表现人物的心理活动，有时甚至比直接描写更生动。如《马背上的小红军》一文中，当陈赓得知小红军是为了不拖累他而找借口，最后昏倒在草地中的真相后，"他深情地搂着小鬼，狠狠地捶着自己的腿说：'陈赓啊陈赓，你怎么对得起这个小兄弟啊！'"从陈赓的言行中，我们可以体会到陈赓同志因没能及时救小红军而后悔、痛苦的心情。

心理活动的描写要注意以下几个问题。

其一，心理活动的描写要符合生活实际，让人一看就觉得，在那种情况之下，他一定会那样想，他一定会有那样的感情。千万不能编造，把心理活动强加给人物，那样别人一看就会觉得很假，达不到写心理活动的目的。

有个学生写了一篇作文《这件事使我受到了教育》，写自己六年级时没有被评上三好学生，在妈妈的开导下，她找到了自己的问题并改正了缺点这样一件事。文章写了她听了妈妈的话之后的心理活动。

❖ ❖ ❖

……

这时，一阵清风从窗外吹进来，我的头脑顿时清醒了许多。我沉思着：对呀，怎么能怪老师呢，还不是怪自己？三年来，我的学习成绩一直名列前茅，老师多次表扬我，号召同学们向我学习。我就开始翘尾巴了，心想："就凭我这学习成绩，就凭我是学校大队长，不评我才怪呢！"每当想到这儿，我心里总是美滋滋的，好像老师已经宣布我被评上了似的。于是，六年级这一年来，我热衷于做一些出头露面的社会工作，主持大队会，代表学校访问，参加各项演出，可对学习却马马虎虎，得过且过。因此，数学出现了"良"，语文成绩也下降了。因为没好好完成品德作业，还得了个"合格"。可当时我却以为品德课是科任课，不在考查范围。老师发现这种情况后，曾多次找我谈心，提醒我，我却不放在心上。老师请家长帮助我，我也毫不在意。现在又能怪谁呢？只能怪自己了。

……

这段心理活动描写非常真实，写出了小作者的转变过程，表现了一个少先队员在挫折面前勇于剖析自己缺点的可贵品质。

其二，心理活动描写要以叙事为基础，注意和其他描写相结合。例如，有个学生不听妈妈的话，放学后在外面玩到天黑才回家，此时他的心理活动是怎样的？请看例文。

猛地抬头一看，路灯亮了，我的心咯噔一下：糟了，这回又晚了。我慌慌张张向家里跑去。一路上，妈妈眼镜后面那双严厉的眼睛，不时出现在我眼前。我的心立刻忐忑不安、七上八下的，仿佛揣着一只小兔子似的。匆匆地一路小跑，心里不住地埋怨自己：前几天妈妈刚说过，放学要直接回家，不要到处去玩。可是我刚刚坚持了三天，就又忘了。这回妈妈一定会特别生气，说不定还会揍我呢！这时，我放慢了脚步，怎么办？现在只有一条路，那就是承认错误，请妈妈原谅我。想到这儿，我就加快了脚步，飞快地向家里跑去。

……

这段心理描写以叙事为基础，清楚地交代了每种心理活动产生的原因。"我的心咯噔一下：糟了，这回又晚了"，这个心理活动是看到"路灯亮了"而产生的。中间写"我的心立刻忐忑不安、七上八下的，仿佛揣着一只小兔子似的"，这是因为"前几天妈妈刚说过，放学要直接回家，不要到处去玩。可是我刚刚坚持了三天，就又忘了"。这样以叙事为基础描写人物的心理活动，显得自然，恰到好处。

其三，心理活动描写和其他描写交错穿插使文章不呆板枯燥。比如上面一段话中，随着"我"的心理变化，穿插描写了人物的行动，先是"慌慌张张向家里跑去"，接着是"放慢了脚步"，最后是"加快了脚步，飞快地向家里跑去"，清楚地表明了每次心理活动产生了什么结果，使文章描写更接近生活，毫不单调。

5. 人物神态的描写

我们在写人物时，为了把人物写"活"，常常要描写人物神态。

神态就是人喜、怒、哀、乐时的样子。什么是神态描写呢？请看下面几段话。

＊＊＊

爷爷见了我，高兴得哈哈大笑，白胡子一翘一翘地说："我的孙子长大了，有出息了！哈哈！"说着，一把把我搂到胸前。(这是描写人物高兴时的神态)

爸爸见我不说实话，气得暴跳如雷。他的两只眼睛瞪得圆圆的，脖子上的青筋都鼓起来了。他一把把我拉到跟前，扬起了巴掌……(这是描写人物生气时的神态)

只听门"砰"的一声被锁上了，他大叫一声："不好！"原来他把钥匙放在屋里了，又忘了关煤气。这时他急得脸都红了，哭丧着脸说："怎么办，没有钥匙进不去屋，着了火怎么办呢？"(这是描写人物着急时的神态)

从以上例子不难看出，神态描写就是描写人物在说话、做事时高兴、生气、惊讶的表情。写好人物神态，能使文章中的人物栩栩如生。

下面是两篇写人的文章，我们可以看一下是不是像点评当中说的那样好。

＊＊＊

一个乐于助人的人

去年夏令营我结识了一个同学，虽然只在一起生活了七天，却让我深深地感觉到她是多么乐于助人。

在夏令营里，每天早上安排上三节英语课。"丁零零……"终于，第一节课的下课铃打响了。同学们一窝蜂似的冲出教室，到操场上玩自己喜欢的游戏。虽然同学们互相还不太认识，可为了玩也三五成群地结起伴来。我们组玩"打鸭子"的游戏。

正玩得起劲，只听"扑通"一声，我摔了个大马趴，疼得好久站不起来。同学们马上收住笑容跑过来，关心地看着我。

这时从人群中挤进来一个同学，浓眉大眼，扎着马尾辫，她有点胖,但个头比我矮半头。

"疼不疼?"她关心地问我。看到同学都为了我不能玩了,我便强露出一丝苦笑,忍着疼痛说:"我没事,大家都玩去吧!"同学们看我没什么大事就走了,只有那个浓眉大眼的女生没走。她关切地说:"摔一跤哪能不疼呢? 让我看看摔到哪儿了?"我擦了擦眼泪,艰难地把腿抬起来让她看。

她看后说:"还好,只是擦破了点皮,没流太多血。"听她的口吻好像受过专业培训似的。

"我送你回班,擦点药,好吗?"她像大姐姐似的问我。"嗯。"我应道。

到了班里,她用棉花棒轻轻地给我擦了药,还告诉我伤口先别沾水等注意事项。我只是感激地一个劲儿地点头。

"丁零零……"上课了,她匆忙回到座位上,像什么事都没发生一样,认真地听老师讲课,事后我才知道她叫萧玲。

她是个多么乐于助人的人呀! 夏令营闭幕式要我们投票选举优秀营员,我在我的选票上工整地写上了"萧玲"二字。

点评:这是一篇典型的写人的文章,特点很鲜明,用一件事来表现人物的优点。人物外貌没特意单独描写,但很能为中心服务,为表现人的优点服务。文章写得朴实无华,然而叙事清楚、语言简练、层次分明,人物语言、神态描写到位。"浓眉大眼"指萧玲,可作者最后才揭谜,设计有新意。文章首尾呼应,结构完整。

我的好朋友

蔡超是我的邻居,也是我的同学,更是我的好朋友。清晨,我们手拉手走进校门;傍晚,我们肩并肩地放学回家。节假日经常一起参加校内外组织的各项活动。因为我们两个经常形影不离,所以有人逗趣地说:"找到了田园,就找到了蔡超,找到了蔡超,就能找到田园。"

他比我矮半头,年龄也比我小半岁,在班里年龄最小,算是小不点。同学们都亲切地叫他"老末"。他白净的皮肤,乌黑的头发,红红的嘴唇,一双黑豆似的小圆眼睛一眨一眨的,显得特有精神。他平时不大爱说话,这点和我很相似。

一天上午,上完课间操回到教室后,大家都在吃加餐,唯独蔡超没吃。我举着饼干和牛奶,奇怪地问他:"蔡超,你怎么不吃加餐啊?"他坐在座位上,轻轻地对我说:"我不饿。"说着,把加餐接过去放进位斗里。

上第三节课的铃声响了,我忙回到自己的座位上。班主任刘老师正带领大家读书,我听着蔡超一阵阵剧烈的咳嗽声,心里一阵阵发紧。忽然,"哇"的一声,蔡超吐了。我扭头一看,呀! 全是黏痰。他慌乱地从座位里掏出小黄帽接住吐出的脏物,不知所措地坐在那里。

"你怎么了,蔡超?"刘老师边走过去边关切地问。

他没有作声。

老师用手摸了摸他的头,惊讶地说:"你在发高烧,额头这么烫,你家长知道吗?"

"我扁桃体发炎,已经好几天了。不过,我吃过药了。"

"不行! 你不能硬撑着上课了,得卧床好好休息。"说着,老师派了两个班干部送蔡超回家了。我默默地坐在座位上,目送着蔡超走出教室。想到蔡超痛得这么厉害仍能坚持上学,心中的敬佩之情油然而生。

几天后的一个星期天,吃过晚饭,我拿起爸爸出差带回来的几个枇杷果来到蔡超家,想让他尝个新鲜。刚迈进他家单元门,隔着玻璃隔断就看到他家的电脑正开着。我心想:他不让我只顾玩电脑游戏忘了学习,自己倒偷偷地玩上了。掀开门帘一看,我愣住了。只见蔡超在爸爸的指导下,正在学习电脑绘图。

我倚着门框,呆呆地站在那儿,看着蔡超坐在电脑桌前,熟练地按着鼠标。他爸爸不时让他停下,讲几句什么。他们似乎没发现我进来。

看到这种情况,我悄悄地把枇杷果放在茶几上,一声不响地退了出来。一口气跑回家,急忙打开我家的电脑,不过,我不再玩游戏,我要复习一下上节电脑课上老师讲过的知识。

和蔡超做朋友,真好!

点评:这篇文章属于典型的写人的文章。写人离不开写事,全文选了两件事写一个人，每件事的叙述都详细具体。本文非常重视对人物语言、神态的描写，读完文章后仿佛亲眼看到了蔡超做的这两件事。结尾扣题的方式也很新颖。我们在写人的时候应该学习这篇文章写人的方法。不过，用一件事表现一个人某一方面的优点就可以了。

当然，写好人物光知道怎么写还远远不够，还需要经常练习，反复实践，多写多改才能写好。

二、怎样写好一件事

在记叙文写作中，叙述好一件简单的事，这是一项基本功，练好了这个功夫，以后进行复杂的叙事，也就有了基础。德国大作家歌德曾经说过："一个人只要能把一件事说得很清楚，他也就能把许多事都说得清楚了。"可见，完好地记叙一件事有多么重要。那么，怎样记叙好一件简单的事呢？

在动笔之前，让学生认真地回忆一下准备记叙的那件事，不要满足于只知道个大概情形，要详细地回忆一下事情发生的时间、地点、人物，在什么情况下发生的那件事，事情的发生、经过、结果是什么样的，在这件事情的全过程中，出现过什么波折，克服了什么困难，参与的人都各自说了什么、做了什么，学生当时有什么想法。不要满足于一般现象的记叙，要详细地记叙事情的经过，要注重对事件中主要人物的描写。记叙好一件事要做到以下三点。

1. 要把事情的经过、因果写明白

写一件事，总离不开事情发生的时间、地点，谁做的这件事，以及事情的起因、经过、结果六个方面的内容。因此，只有把这些方面的内容写清楚了，才能使别人明白到底写的是一件什么事。然而交代这六个方面的内容不应该呆板，要根据文章的需要灵活掌握。时间、地点也并不是非要直接点明不可，有时候可以通过描述自然景物的特征及其变化，将它们间接表现出来，如"公鸡就喔喔喔地打鸣了"就是指天将亮了，"西边的太阳就要落山了"指的是傍晚等。时间和地点的交代，不仅有直接与间接的方式，还有大略和精确的区别，"有一个星期天"、"前些天"、"那一天"都表示大致时间，"公元某年某月某日"甚至精确到"某时某分"所表示的时间就很具体了。究竟用什么方式来交代时间、地点，这应该服从于表情达意的需要。

2. 把事情经过写具体，并做到重点突出

一件事情，总有起因、经过、结果这样一个过程。其中，事情的经过是记叙的最主要的环节。能不能把事情写具体，一个重要方面，就是看是不是善于把事情的经过一层层展开记叙，既不能像报流水账、照相式地实录生活，也不能把自己听到、看到或亲身经历的事不加选择地全部写下来。那么怎样展开记叙，把事情写具体呢？

（1）把事情的过程分成几个阶段来写。例如，我们学过的《赶羊》这篇文章，小作者就是把赶羊回羊圈的经过分成四个阶段来写——"我把羊先赶出了麦地"；"羊不听话把我顶倒"；"我泄气了。羊又来斗我"；"我学金牛哥的样子，赶羊回圈"。有了这四步的描写，内容就具体了。

（2）要翔实、具体地写出事情的发展变化。有个学生写了《老师教我跳"山羊"》一文，跳"山羊"的过程是这样记叙的。

老师教我跳"山羊"

下午的体育课又是跳"山羊"，不用说，我还是跳不过去。

这时，教体育的高老师走过来为我作示范指导。只见高老师在起跑线上站定后，便开始助跑，由慢到快，到了"山羊"前，手一撑，脚一蹬，身体便弹了起来，眨眼间，高老师已经稳稳地落地了。整套动作协调、优美，我羡慕极了。高老师边从垫子上走下来边对我说："跳'山羊'助跑很重要，应由慢到快，还要跑得协调。到了'山羊'前，双脚踏地，与此同时，双手要用力支撑，只要将身体向前一纵，两腿分跃，便能跳过'山羊'。落地时，双腿并拢，就比较稳了。来，你跳一遍。"

我点了点头，心里暗暗地说："一定要跳过去，比我个子小的同学都跳过去了，我也一定要跳过去。"

我走到起跑线，定了定神，开始助跑。跑着跑着，心里就不由得慌了起来，到了"山羊"前，又慢慢地停住了脚步。我不好意思地朝高老师看了一眼，高老师笑着对我说："这次助跑很协调，只要心不慌，就一定跳得过去。"

我鼓了鼓勇气，再次走到起跑线，助跑、踏跳，双手撑在"山羊"上，身体也弹了起来，可心里一害怕，手一软，又一屁股坐在"山羊"上。当我从"山羊"上下来时，真有点难为情了。怎么又没跳过去？我真恨我自己。这时，我听到高老师大声说："手再稍微用点儿力，推'山羊'的动作再快一些，你就能跳过'山羊'了。来，再跳一次。"高老师的耐心指导，给了我莫大的鼓舞。我快步走向起跑线，镇静了一会儿，心一横，便开始助跑、踏跳，当身子弹起来时，我两腿一分，便跳过了"山羊"。

啊！跳过去了。我欣喜若狂，老师也向我点头微笑。

"跳过'山羊'了！跳过'山羊'了！"我情不自禁地喊了起来，连蹦带跳地又向起跑线奔去。

上面这篇文章，作者将自己"学跳'山羊'"的经过具体写出来了。开始写"我"看到高高的"山羊"心里就害怕；接着写在老师的示范、启发和鼓励下，"我"由怕到鼓足了勇气；然后写"我"第一次跳，失败了，"我"又退缩了，这时候，老师用语言鼓励了"我"，第二次跳，"我"坐在了"山羊"上，老师又鼓励"我"、指导"我"；最后写自己经过一番思想斗争，拿出勇气，把心一横，终于跳了过去。文章这样写，不但符合事实，而且有了由失败到成功的发展变化，使内容变得更充实、更具体了。

（3）从多种角度去表现事物的本相。我们写一些赛事或游戏之类的文章，就离不开对场面、场景的描写，这里包括会场的布置、场上的气氛、典型人物的活动、群体人物的活动等。同时，在进行多角度的描写时，对事件中人物的言行、心理、神态进行刻画，能使文章内容充实。不管用哪种方法，都要把事情的经过写得翔实具体，别人读了，不但知道这个人做了什么事，还知道他是怎么做的。

3. 写出情趣来

学生常听老师夸某某同学的作文写得有情趣，情趣是什么？当然是情调趣味。作文有情趣，就是文章写得有感情、有意思、有吸引力，使人看过文章能在脑子里浮现出一种动作、一种声音、一种感情、一种思想。也就是说，通过文字使所写的人、事、物、景等跃然纸上。

例如，一个学生写了一篇文章叫《捉蛐蛐》，其中的一段很有情趣。

捉 蛐 蛐

我蹑手蹑脚地顺着叫声寻找着。突然，一个小黑点一蹦，钻到了墙边的砖缝中，又继续叫了起来。我连忙打开手电筒一照，啊！好大的蛐蛐呀！你看它，两根触须微微抖动，两只后腿强健有力。叫的时候，那个小肚子一鼓一鼓的，好像在使劲呢！我刚走近，它就跳到附近的碎砖堆里去了。我轻轻地把砖扒开，两手拢成喇叭形，慢慢弓下身，心想：这下你跑不了啦！谁知一扑竟没扑着，蛐蛐反倒从我手边溜走，快速蹦到了墙角处。我也追到墙根。那蛐蛐似乎知道了我在捉它，索性转身逃进了一个小洞里，再也不出来了。

……

你看，"捉蛐蛐"这件小事，是不是在小作者的笔下写活了？文中对蛐蛐的描写是多么生动有趣："啊！好大的蛐蛐呀！你看它，两根触须微微抖动，两只后腿强健有力。叫的时候，那个小肚子一鼓一鼓的，好像在使劲呢……那蛐蛐似乎知道了我在捉它，索性转身逃进了一个小洞里，再也不出来了。"

以上几句话，小作者通过对蛐蛐的形态与动态的具体描写，恰当地展开想象，把一只活灵活现的大蛐蛐呈现在我们的眼前。当然这些都源于小作者对事物的细致观察，这篇文章的字里行间体现了一个"真"字。在描述捉蛐蛐的过程时，真实地再现了当时的情景，表达了自己真实的感情。

4. 叙述与描写相结合

学生们都有这样的生活感受，同样的菜，爸爸和妈妈两个人做出来的味道却大不相同。这是因为他们放的调料不同、掌握的火候不同，一句话，是因为他们的烹调技术不同。作文更是如此，大家都选择了有情趣的题材，写出来的文章却往往差异很大。原因是多方面的，其中写法起了重要作用。

要想写出情趣，应该学习把叙述和描写结合起来运用。因为，单纯地叙述会使文章显得平淡呆板，有点儿白开水熬白菜的味道。请读一读、比一比，下面两段话中，写的都是同样的内容，但效果有什么不同？

◆◆◆

[片段1]

大街上每棵树上都挂着一盏花灯。有走马灯、龙灯、兔灯、仙女灯、虎灯……各式各样，五光十色。我和爸爸走到十字路口时，只见人山人海，十分拥挤。我们费了好大力气才挤进去。我抬头一看，原来台子两边挂着两盏"鲤鱼灯"呢，做得真好，跟真的一样。

[片段2]

看着看着，不知谁喊了一声："快来看呀！"我顾不得听他下面的话就往人堆挤去。主席台前早已是里三层外三层，水泄不通了。原来，大家都在目不转睛地盯着台子两边的"鲤鱼灯"呢！那用红电光纸做成的长3米、宽1米的巨灯，真壮观。鱼眼鼓鼓的，亮亮的，鱼头随着晚风一动一动的，好像在向我们点头问好。鱼身子不知是被什么操纵着，一个劲往前蹿。要不是有绳子牵着，还不知会蹿到哪里去呢！同学们都看得出了神，这个说："瞧，鲤鱼在戏水呢！"那个说："不，那是在'跳龙门'呢!"我望着这闪闪发亮的灯,情不自禁地想到,这真不知出自哪位能工巧匠的手啊!

两个片段一对比,显然第一段像流水账,文章写的灯虽多却不美,写各种灯都是蜻蜓点水,一带而过,只把街上有什么灯、叫什么名称交代了一下,哪种灯也没详细写。这好比一台晚会,节目虽然丰富却不精彩。这段话中,人们虽看了灯,却都无动于衷。第二个片段就不同了,作者详写了"鲤鱼灯",把这盏鲤鱼灯多大,用什么材料做成的,"鲤鱼"的神态,人们看灯时的议论,交代得一清二楚,还由这盏灯的静态写到了这盏灯的动态。看灯的人,也入情入境。全段有情有景,情景交融,使人有身临其境之感。

两个片段之所以效果不同,是因为写法不同。第一个片段只把看到的灯和看灯的过程做了叙述,而第二个片段则把"鲤鱼灯"的大小、材料、颜色、形状、静态、动态,加上自己的想象,形象地表达出来。刻画看花灯的人,也抓住了人物的神态、动作、语言,写出了看花灯时的喜悦,使读者如闻其声、如见其人,留下了深刻的印象,受到了深刻的感染。

由此可见,作文时如果通篇全是平淡的叙述,就会使人感到枯燥乏味,反之,重视了描写,就能把人物、事情、景象写得有声有色、有情有趣。

5. 文章中要有情节的起伏

学生中有不少是故事迷,听故事津津有味,读故事废寝忘食。为什么故事对大家有这么大的吸引力呢? 其中主要的原因是故事情节曲折婉转、波澜起伏,深深地牵动着大家的心。我们在写作文时,也应该力求把故事情节叙述得波澜起伏,使文章富有魅力。

要让文章泛起"波澜"有什么巧妙的方法呢? 其实有很多方法,常用的有三种。

(1)从内心矛盾体现情节的起伏。有一个学生在参与升旗手竞选的活动中,心里七上八下,到底参加还是不参加呢,心里真是矛

盾。她这样写道:

　　做一名升旗手多光荣啊,这是我连做梦都想着的事。终于又盼到新的一期升旗手竞选了,我别提有多高兴了。

　　可是,到了第二天,当老师公布了竞选条件后,我的心一下子凉了半截,因为竞选条件其中有一条是:"担任升旗手,就要在国旗下进行讲演。"哇!这可是在全校面前演讲呀,我……我,我平时在课堂上发言都心颤,何况这是在全校师生面前。唉!真让我为难!算了,还是放弃吧。

　　看着其他同学一个个上台参加竞选,我好眼馋啊!想着,平时自己又是那么羡慕做升旗手工作,那么努力地争取,可是……又转念一想,机会错过了,后悔莫及!这时,老师的目光无意识地转向了我,似乎在鼓励我说:"李小雅,你可不要做个懦夫啊,要相信自己能行!"我看了看老师。终于鼓起勇气走上了讲台,加入了竞选,经过大家投票,我竞选成功了!

这几段话,小作者用朴实的语言,写出了"盼当升旗手"又被某一条件困住,因而想"放弃升旗手的竞选",可又怕错过这个良机,最后"终于战胜了自己"的过程。这前前后后的心理矛盾刻画得极为细腻,使文中的"我"内心充满变化,有起有伏。

　　(2)从对事物看法的转变体现情节的起伏。下面是一个学生写的一篇文章。

令我惭愧的一件事

　　星期天,妈妈带我来到了百货商厦,她要给我买一双登山鞋和一件漂亮的外衣。当我们拿着满意的商品走出店门时,已近中午了。我有点累,肚子也饿了。我们来到一家饭馆,妈妈买了两碗面。我们正吃着,突然看见一个黑大汉。他的头发乱蓬蓬的,脸上都是灰土,身上有很多油漆,衣服敞开着,脚下拖着双破布鞋,手里端着一碗面。当他走到我身边时,我不由得用手捂住鼻子,生怕闻到臭气。我真想离他远点,可是万万没想到他却坐在我们的桌前吃起来。真倒霉!

我们赶紧吃完了饭,走出饭馆。来到了车站,妈妈惊叫道:"楠楠,我的书包!""哎呀,我把它放在饭馆了!"

我和妈妈立刻跑回饭馆,可是书包已经不在了。我再一看那黑大汉也不见了,他还有半碗面都没吃就走了。我大声说:"知道了,是那个黑大汉,一定是他把我们的书包拿走了!"我们没有找到书包,失望地走出饭馆。我看见妈妈的脸色很不好,显得非常不安。

突然,在人群中我看见了那个黑大汉,他手里拿着书包正在左顾右盼像是在找什么人。几乎同时,那位黑大汉也看见了我们,他高兴地把书包举起,三步并作两步走到我们面前:"同志,我真怕你们走远了,就赶忙追出来了!"说完咧开嘴笑了,那样子活像个做了好事的孩子。

妈妈接过书包连声道谢,并要和他握手。他却没有伸出手,而在衣服上使劲擦了擦。这时,我觉得眼前站着的不再是一个又脏又臭的黑大汉了,他变得那么可敬,那么憨厚朴实。他笑得那么开心,露出了洁白的牙齿。哦! 原来他并非一个肮脏的人,而是一个有高尚品德的劳动者。这时我惭愧地低下了头。

在回家的路上,我的心非常不安。虽然,刚才发生在我身边的是一件小事,但是它却深深地教育了我,使我懂得了一个人是美还是丑,不能看外表,而要看心灵。

这篇文章写得很好,情节曲折,中心突出。当妈妈的包落在饭馆里,小作者与妈妈回去找而没找着时,误认为是坐在他们桌前的一位黑大汉把妈妈的包拿走了。可后来的事实告诉小作者,他的判断是错误的。于是小作者改变了对黑大汉的看法:"原来他并非是一个肮脏的人,而是一个有高尚品德的劳动者。"这一对事物看法的转变,使故事情节曲折化,更有助于表现文章的中心。

(3)从失败到成功体现情节的起伏。"失败"、"成功"是再熟悉不过的字眼了。我们的生活中一定有许许多多各不相同的从失败到成功的事例,这些都是写作的好材料。从失败到成功,它反映了一件事发展过程的原貌。把遇到困难、遭到失败后，自己怎么想的、怎么做的，怎样克服困难的，想了什么办法，采取了什么措施，后来又是怎样取得成功的这些情节写具体，是很有必要的，它能使一棵干枯的大树抽枝展叶，这样写出的文章才有内涵。

从《放风筝》这篇例文中就可以品味到体现"情节起伏"的又一种方法——描述从失败到成功的过程。

◆◆◆

放 风 筝

匆匆吃完午饭，我拿上一年前爸爸花十元钱给我买的"沙燕"纸风筝和妈妈一起兴冲冲骑车赶到天安门。相差没几分钟同学们便陆续到了。我抬头一看，阳光暖暖的，天空蓝蓝的，可是放飞的风筝并不多。我试飞了一下没起来。啊，原来是风力不够，试飞没成，风筝的翅膀却开胶裂了一个口子。我着急地问妈妈怎么办？

妈妈说："别急，让我想想。"只见她边琢磨边翻包，突然说："有办法了，没透明胶，我随身带有针线包，咱们缝一缝试试。"经过妈妈的巧手一缝，还真把风筝修好了。这时，再抬头一看，起风了，天空中已经飞舞起五颜六色的风筝，我高兴地想：老天真好！

我赶忙拿起风筝放起来，谁知它老是在半空中打转儿，就是飞不起来，这真把我和妈妈急坏了，可又都束手无策。

我跑去问刘沫的爸爸，他说："也许是风筝后面这根线拴偏了。"我恍然大悟，于是又麻利地把线调端正。事不过三，第三次试飞开始了。

我握紧线轴，让妈妈帮我高举风筝，我大喊一声"放"，妈妈一松手，我就抖着线轴，边看着风筝，边侧着身，拽着线，向前跑去。风托着我的"沙燕"，一顶一顶地把它带到了高高的天空，越飞越远，足足放了有三百多米的线。这时我才感到放风筝真累，胳膊和脖子都酸了。我不再放线，驻足久久地仰望天空，凝视着我的"沙燕"在蓝天中翱翔。

我们看，这篇文章反映了小作者放风筝时，前后经历了两次失败，但最后取得了放飞的成功。而两次失败的原因又不相同，经过一番周折，最后找到了放飞失败的原因，采取了措施，把风筝放上蓝天。这其中，既有人物放风筝时动作、神态、对话的描写，又有遇到困难时人物态度的描写。把事情的起伏一一展现在读者面前，把放风筝的情景再现于读者面前，突出了细节的描写，这样写就很成功。

三、怎样写好一次活动

其实，活动也是事情，因为活动也要占用时间，也要人们的参与，不过，活动和事情还是有区别的。这是因为活动是有组织的，是几个人甚至十几个人或几十个人参与的事。而事情大多是突发的，事先不知道，有的也不可能知道。因而，活动又不同于事情。活动有准备，有组织，有负责人，大多几个人甚至十几个人、几十个人参加；而事情大多是一个人做，或者几个人参与，事先没有准备，没有组织，没有负责人。

写活动的文章，因为参加人数多，有的时候需要写到场面或者环境。而一个人做的事情，几个人参与就没有必要写到场面。请看下面这篇作文。

记一次有意义的活动

春天来了，小草钻出了地面，大树也吐出了嫩芽。可是，看看树根周围干得裂了口的硬土，再看看天空那炎热的太阳，小队长满雅维把我拉到树荫下，对我说："我们渴了要喝水，大树太渴了，春天正是它们发芽长叶的时候，更需要水呀！"

我听了忙点点头说："对呀！那咱们就搞一次小队活动，发动大家，一起来给校园周围的大树浇水吧！"

"行！就按老师说的，我们也用洗菜、淘米的水来浇。"

第二天下午放学后，同学们纷纷提着水桶、端着脸盆来到楼下小花园，桶里、盆里装满了家里洗菜、淘米的水。小区食堂、饭馆的叔叔、阿姨还帮我们攒了十几池子的洗菜水呢！

我和王昆负责浇一个小花坛和一棵大树。王昆右手拿着水舀子舀满水，左手把月季花的花枝拢在一起，把水一点点地浇到花的根部，她的心可真细。

　　我把从水池中舀的一大脸盆洗菜水浇到大树下，水很快渗下去了，我忙跑回去继续舀水继续浇，一连浇了四盆水，水才渗得不那么快了。大树喝饱了，累得我汗都流下来了。

　　一位鹤发童颜的老爷爷推着胖孙子，笑着对我们说："用洗菜、淘米的水浇树、浇花，这真是好主意，做得好哇！孩子们，你们带头节约用水了！"

　　下楼遛弯的老奶奶们也开玩笑地说："这些孩子想得真好，用淘米洗菜的水浇花、浇树，等于水用了两次，早知道这办法，水钱也能省下不少呢！"

　　听着爷爷奶奶的夸奖，看着小区宣传橱窗里的节水宣传画，我们都笑了。宣传画上那个蓝色的大水滴是那么透亮，"爱惜一滴水，就是爱全世界"两行红色的大字更加醒目了。

　　这篇文章是写活动的，"活动"区别于"事情"的是活动前有准备，也就是说，活动是一次有准备的事情。而事情一般都是突发的，事前不可能有准备；活动一般是集体进行，而事情有时一个人就可以做。这篇文章抓住"有意义"展开叙事，既有场面的描写，又有典型人物的描写，还有自己是怎么做的详细描述，人物语言、动作、神态的描写恰到好处。结尾"看着小区宣传橱窗里的节水宣传画"，深化了主题，"有意义"一下子就凸显出来了。

四、怎样写好游记、参观记

　　游记、参观记是小学生作文中最常见的记叙文题材。这类文章最忌讳的是写成流水账，平铺直叙，把自己看到的一一列举，一个不落或事无巨细，眉毛胡子一把抓。要记住，写这类文章一定要按照空间位置的转换，把游览、参观的顺序交代得一清二楚。行文时，必须按游览参观的顺序，清楚地交代"我"先到了什么地方，然后到了什么地方，经过了哪里，最后到了什么地方。比如，一般的展馆，经常用"第几展厅"或"某某展厅"这样的词语来表示空间位置的转化。再比如，游览动物园，那里标有"熊猫馆"、"两栖动物爬行馆"、"象房"、"狮虎山"等标志，我们就可以引用这些名称来表现空间位置的转化。当我们到了某一个展厅内，又有了一个更具体的游览顺序，因此也需要写清楚。要把游览或参观过程中自己看到的、听到的、感受到的、想到的，有选择地记叙清楚。

写这类文章往往离不开描写景物，不同的景物有不同的特点，要抓住景物独有的特点进行描写。

描写景物在观察时就要有一定的顺序，所谓"一定的顺序"，是指由远及近或由近及远，由高到低或由低到高，由左到右或由右到左，由上到下或由下到上，按顺序观察。还要按照观察顺序写，在远处看到了什么，近处看到了什么，高处看到了什么，低处看到了什么，要有顺序地记叙。写景有序，才能把景物写得层次清楚、鲜明逼真，才能给人清晰的"图像"。

描写景物时还要注意"触景生情，情景交融"，要把自己对景物的爱倾注在字里行间，用积极的思想感情去感染读者，使读者产生美感，受到思想教育。千万不要文章前边客观地叙述事物怎么怎么好，结尾无病呻吟地写几句抒发情感的句子，那样不会收到感染读者的效果。

一篇成功的游记、参观记，当读者读完以后，就仿佛随着作者游览参观了所描写的地方。请看下文，这可以说是一篇比较成功的游记。

野生动物园一游

学校准备在周六组织我们到野生动物园游玩。野生动物园会是什么样子？难道让动物随便跑，没人管理吗？那野生动物跑丢了怎么办？老虎、狮子乱跑，要是伤了人怎么办？野生动物吃什么？是靠野生动物自己觅食吗？到野生动物园游玩有安全保证吗？在去野生动物园的路上，这些问题总在我脑中转。

两个小时后，我们终于抵达了北京野生动物园。入园后，首先映入眼帘的是一座碧水围绕的小假山。几只小鸭子在水中悠闲地游着；一阵微风拂过，碧波荡漾，再加上鸭子嘎嘎地叫着，给人的感觉是多么的惬意！

野生动物园里，"散放区"是最有意思的。入园后，我们径直到了"散放区"。

"散放区"是我们今天要参观的重点。半小时后，我们乘着旅游车进入"散放区"的腹地。我们的第一个参观对象是一种笨拙懒惰的家伙——熊。说它笨拙可一点也不夸张，看它那肥胖的身体，短粗的四肢，走起路来左一摇右一晃，真担心它一不小心会跌倒。

说它懒惰也毫不夸大其词，瞧那只懒惰的黑熊懒洋洋地趴在土坡上晒太阳呢，不时还翻个身。

熊虽然又笨又懒，表演起来可一点都不马虎。我们在看动物表演时，曾看到过一只棕熊表演节目。它站直了身体，脚踏上一个大圆球一小步一小步地向前挪动，两"手"平举，像人一样地保持平衡。棕熊也有"经济头脑"，表演完了一个劲儿地抢饲养员手里的"美餐"。当它知道"美餐"已尽时，两只"手"就会紧抱住头，趴在地上，似乎在"失声痛哭"。

出了熊散养区，我们来到狮虎散养区。这些猛兽自由自在地散步、玩耍。"快看！那边大树底下有三四只狮子！"不知谁喊了一声。

我忙朝窗外望去，见一棵大树下真的有几头大狮子，它们有的在散步，有的在玩耍。不远处，几只华南虎在地上卧着。汽车正前方，一群亚洲虎在举目远眺。它们身上的花纹真好看，在阳光下，像锦缎一样闪闪发亮。

游完了散放区，我们还看了珍奇的禽鸣长廊，美丽的鹦鹉之家……

看鹦鹉表演是这次春游最精彩的项目了。其中鹦鹉打保龄球简直绝了。一个倾斜的类似乒乓球台子的大平台上，右边放了一个球瓶，旁边放着一个小足球。

"下一个节目：鹦鹉打保龄球。"报幕员报完了，一只漂亮的鹦鹉被工作人员举到台子上。这只鹦鹉叼起小足球，一步一摇地来到台子的左边，转过身来站稳，低下头松开嘴放下小足球，小足球骨碌碌地顺势朝右边滚去，可惜没打中球瓶，停在右边的台子角上。你再看那只鹦鹉，它好像急了，索性叼起小足球快速朝球瓶走过去。它要干吗呀？我们静静地看着。这次，它走到球瓶跟前，轻轻一点，直接用小足球把球瓶砸倒了。

"犯规了！""犯规了！"我们在下边大声喊起来。鹦鹉像是没听见一样，大模大样地站在那里，歪着头瞧着我们，像是在说："犯规怎么着？把球瓶打倒了就是赢了。"逗得我们哈哈大笑。

快乐的时光总是过得那么快，转眼间，就到了该回去的时候了。我是多么恋恋不舍，让我感触最深的是我们真应该重视对动物的保护了，不然的话，那些可爱的动物会离我们而去，人类就再也看不到它们美丽的身影了。

这篇比较成功的游记在游览顺序上交代得很清楚，散放区的特点——乘车游览。鹦鹉表演又是那么有趣，逗人捧腹！这些地方记叙得都很突出、详细。但是这篇游记还有不同于一般游记的写法。这篇游记，作者加进了联想，当写游览熊散养区看到笨拙的熊的时候，写了曾经看到过的"棕熊表演"的情景。记叙的方法属于插叙。我们学过的《江姐》一文就有这样的段落。

这篇游记，作者还写了自己的感受，"我们真应该重视对动物的保护了"，写法很新颖，同时提升了文章的中心——要爱护动物。

综上所述，我们把怎样描写事物也编成了顺口溜：

怎样描写事物

描写事物有文采,三句话要记心怀。

第一行文如流水,别人一读就明白。

第二描写要具体,语言空洞是大忌。

如见其人闻其声,如见其物观其形。

人物做事要动手,神态动作叙述清。

第三句,容易记,事有起伏记心里。

生动形象用比喻,语言幽默有情趣。

五、怎样写开头和结尾

一篇文章在完整的结构布局中,开头起着非常重要的作用。写好文章的开头,如同给一台好戏拉开序幕。伟大的文学家高尔基这样说过:"开头第一句是最困难的,好像音乐里的定调一样,往往要花费好长时间才能找到它。"因此,写作时要花费一番苦心,下功夫写好开头。同时,文章的结尾也非常重要,一个好的结尾往往能起到"点睛"的作用。

1. 常见的开头方法

(1)开门见山式。文章开头,直截了当,开始就切入正题。如《长城》一文的开头:"远看长城,它像一条长龙,在崇山峻岭之间蜿蜒盘旋。"

(2)说明式。文章开头先交代一些必须说明的情况和背景,《将相和》就属于这样的开头。

(3)描写式。文章从描写环境、人物等入题,《卖火柴的小女孩》就属于这样的开头。

(4)叙述式。文章从事情的开端讲起,自然而然地交代时间、地点、人物等,如《金色的鱼钩》。

(5)提问式。以一句设问句做文章的开头,如《海底世界》一文的开头:"你可知道,大海深处是怎样的吗?"

(6)引用式。《桂林山水》的开头:"人们都说'桂林山水甲天下'。"这是以人之言起头，引起读者的注意。

（7）抒情式。文章开头借作者情感的抒发来打动读者，如《再见了，亲人》。

（8）直入中心式。落笔就写文章中心，使读者很快就了解作者的写作意图，如《富饶的西沙群岛》。

（9）回忆式，如《江姐》一文的开头。

2. 写好开头要做到"三注意"

一是要注意实用。开头是文章的组成部分，要与正文自然衔接，融为一体，不要贴标签。

二是要灵活多样。文章开头是为表达情意服务的，无论从物写起，从景写起，从声写起，从心情写起……甚至将不同的开头方法综合运用，只要能引出下文、揭示中心、吸引读者，就是好的开头。

三是要注意言简意明，谨防绕弯子。切不可下笔千言，离题万里。

下面是几段好的开头。

<hr>

我熟悉的一个人

要问我们家谁是"小气鬼"，以前我认为，自然要数姐姐了，因为她花钱太吝啬了。

邻居张奶奶

两天的高烧使我在床上挪动一下都感到吃力，嗓子撕裂似的疼痛，鼻口唇舌仿佛都在着火。我眼巴巴地望着天花板，焦急地盼着妈妈早点回来。然而我知道，她刚上班，怎么可能提前回来呢？

学校的好管家

传达室的江爷爷六十多岁了。他那消瘦的、饱经风霜的脸上，布满了深深的皱纹，记下了他一辈子的辛劳。花白的胡子衬托慈祥的笑容，使人感到格外亲切。同学一提起他，无不伸出拇指称赞道："他可真是学校的好管家呀！"

　　这三篇文章的开头都很好，第一篇以总括、说明式开头，一下子抓住了读者的注意力，点出中心话题，引人思考。为什么说姐姐是小气鬼，她怎么小气了，从而展开下文。第二篇文章开头真实自然，富有深情，用的是叙述式开头。文章开始把"我"的处境交代得一清二楚，为事情的发展、主要人物的出现创造了必备的条件。第三篇文章运用了描写式的开头方法，一上来就以特写镜头对准了人物脸部——面庞、皱纹、胡须、笑容……再用师生的赞誉写出人物的特点，使读者刚接触到文章就对人物有了一个全面的、初步的了解。

　　3. 怎样结尾

　　几年来我们在课堂上教过了许多课文，课下读过了不少的书刊，大家想一想，凡是给我们留下深刻印象的文章除了情节吸引人以外，是不是都有一个不错的结尾？有个成语叫"行百里者半九十"，它的意思是要走一百里路的人，把走了九十里只当走了一半，比喻事情越是接近尾声、接近成功，越要集中精力认真对待。习作也是如此。写作文当快要收尾时千万不要放松，一定要仔仔细细地完成结尾部分，做到善始善终。

　　下面我们谈谈结尾的类型。

　　（1）自然式。以事情的结局做结尾，事情写完了文章也自然收尾。

　　（2）总结式。结尾或点明主题，或发表感想，或提出要求，给读者以总的印象。

　　（3）照应式。文章首尾照应，或照应开头，或照应题目，或照应事件，给人以严谨之感。

　　（4）含蓄式。用含蓄而深刻的语句结尾，让人去思考回味，得到启示。此类结尾在语言运用或表现手法上往往都是精心选择，读起来也是韵味无穷。

除了上面讲的几种结尾方法以外，多种结尾方法的综合运用也是一种灵活的表现方式，因为结尾是文章的重要组成部分，采用的方法要为所写的内容服务。下面请欣赏几段学生们习作的结尾。

◆◆◆

我 的 爱 好

你看老舍爷爷爱养花,用辛劳的汗水换来了鲜花飘香;我爱读书,用勤劳的努力换来了学习成绩的步步登高。爱,不正是换来成绩的动力吗?

点评:这段结尾运用了对比的方法，把老舍爷爷与"我"对比，把爱养花与爱读书联系起来，其成果都是靠勤奋与汗水换来的。另外，它运用反问句式做结尾，加强了语气，强调了爱是取得成绩的真正动力，点明了主题。

◆◆◆

我学会了骑车

从车上跳下来,我真想高声喊"我学会骑车了!",好像我的声音会传到四面八方,传给我的同学,传给我的朋友,传给我的亲人们……

点评:这段文章仿写了《一夜的工作》的结尾，学以致用。

◆◆◆

我的好朋友

……

和蔡超做朋友,真好!

点评:简单的一句话结束了全文，而且紧扣题目!

◆◆◆

我 爱 读 书

书是石,能击出希望之火;书是火,能点燃生命的灯;书是灯,能照亮生活的路;书是路,能达到四面八方而不迷途……朋友们! 为了灿烂的明天,让我们和书交朋友吧! 为了美好的未来,热爱读书吧!

点评：这篇文章的结尾运用了排比和比喻的句式，形象地写出了读书的好处，同时提出了殷切的希望。语言很规范，层层深入，值得大家一读。

六、恰当地运用标点符号

先给大家讲一个有趣的小故事。法国大作家雨果，花了几十年心血，写了一部长篇小说《悲惨世界》。他把稿子寄给了出版商。可是寄出多日却没有回音，雨果就写了封信。这封信极短，上面写的是"《悲惨世界》？——雨果"。出版商一看，立刻明白了，于是给雨果回了一封信，其内容是"好！——出版商的署名"。在这两封信里，标点符号起了特殊的作用，雨果的问号意思是：我的这部《悲惨世界》怎么样？能够出版吗？出版商的叹号意思是：这本书非常好！好得令人惊叹！当然要出版。后来这件事被传为佳话，这封信也成了世界上最短的书信。可见，标点符号对文章表情达意起到至关重要的作用。

著名文学家郭沫若曾说过："标点之于言文有同等重要的作用，甚至有时还在其上。言文而无标点，在现今是等于人无眉目。"人没有眉毛和眼睛，轻则难看，重则不便，寸步难行。文章没有标点，就不容易阅读和理解，有时还会造成歧义或因标点错缺产生笑话麻烦。

这个小小的标点符号，它是文字里面的有机部分，不是外加进去的，它不仅起到断句的作用，而且在表情达意之中赋予了文章丰富的内容与感情。用什么标点，用在哪里，都值得斟酌一番。一篇优秀的文学作品，语言文字十分精美，就连一个标点符号，往往也经过精雕细琢，因为标点常常能起到画龙点睛的作用。

桑娜脸色苍白，神情激动。她忐忑不安地想："他会说什么呢？这是闹着玩的吗？自己的五个孩子已经够他受的了……是他来啦？……不，还没来！……为什么把他们抱过来啊？……他会揍我的！那也活该，我自作自受……嗯，揍我一顿也好！"

这是《穷人》一课中的一段话，写的是渔夫的妻子桑娜把邻居遗留的两个孤儿抱回来，面对着自家的窘困，担心着丈夫的责怪，忐忑不安的复杂心理活动。恰当的标点使用，将桑娜这一人物刻画得更加丰满、真实、感人！

我们常用的标点符号分为"点号"和"标号"。点号有句号、问号、叹号、逗号、冒号、顿号和分号，标号有引号、书名号、省略号、破折号。

写文章时，组织语言、遣词造句与标点符号的使用要同时考虑，随写随标。有些学生写作文时，先写文后加标点的错误做法是一定要纠正的。

正确使用标点符号，要遵守哪些原则呢？首先标点书写要规范。如句号是个小圆圈，不能写成"."，逗号、顿号形不同，用时要分清。再有就是占格要合乎要求，如省略号和破折号占两格写在格子正中。特别要注意的：一是七种符号及后引号、后书名号不能用在每行的第一个格里，可挤在上一行最后一个字之后；二是前引号、前书名号不可用在行末，如果正赶上，就应该挤进一个字去，使其移到下一行第一格去；三是破折号、省略号不能上行一半下行一半分开写。

关于命题作文，我们谈了这么多，有方法、有技巧、有例文，但是要提高自己的作文能力，关键还需要常常练笔，动手写起来。春天，小草发芽，树木吐绿，百花争艳，清风拂面，儿童踏青，郊游，春雨润物细无声；夏天，骄阳似火，大雨滂沱，草木茂盛，知了高鸣，人们热得大汗淋漓；秋天，秋高气爽，云白天蓝，凉风习习，落叶飘舞，果园里果实累累，农民喜获丰收；冬天，白雪皑皑，冷风刺骨，滴水成冰，带冰碴的柿子咽下去从嘴里一直凉到心里，滑冰滑雪真刺激。平日里，学习的紧张，班里的好事，朋友之间的互助互惠，长辈的关怀，教师的鼓励，心中的烦恼、愉快，对他人的感激、敬佩……总之，世间的大事小情，都是我们练笔的好材料。如果我们都能细心地用笔把它们写下来，该是多么吸引人的文章啊！

七、怎样修改文章

作文写好以后，先看上 1~2 遍，从思想内容、篇章结构方面找找问题，再念上几遍，从字、词、句和标点方面找找毛病，发现毛病要多想几种改法，经过斟酌选择最佳的一种改法。

叶圣陶曾说过："要多念多改，作文才进步得快。"这实际上告诉我们，修改作文，首先要多念。一念，绕嘴的地方、读着别扭的地方就找到了，这就是要修改的地方。

具体地讲，修改作文一般可分为三个步骤：

第一步，读一读自己的文章，检查文章中心是否集中，内容是否充实，重点是否突出。

第二步，检查文章结构是否完整，层次是否清楚，过渡是否自然。

第三步，检查文章语句是否通顺，用词是否恰当，标点是否妥帖，有无错别字或多余的字、漏掉的字。

修改语言文字，要求一要改通，二要改好。改通即要改掉文章中读着别扭的地方、有毛病的地方，使语句通顺、用字准确、合乎规范；改好，使文章遣词造句更加准确。

怎样修改文章，我们也编了顺口溜：

怎样修改文章

写完文章要修改，好的文章改中来。

一改主要看内容，选材是否切题目。

二改主要看结构，层次分明把段分。

三改读读每句话，句句通顺如行云。

还要看看标点、字，一急有时就用错。

修改文章无尽头，越改越好目的明。

除按照以上方法修改好自己的文章外，还要求学生之间互评、互改、互相写评语。修改过程中把好的地方和需要修改的地方作出批注，最后在同学评价的基础上再次修改，这样慢慢训练，学生修改文章的能力就会越来越强。

如何抓好想象作文训练

　　科学家的发明、工程师的设计、作家的人物塑造、艺术家的艺术造型、工人的技术创新、学生的学习，所有这些活动都离不开人的想象。科学巨匠爱因斯坦就是凭着想象对人类作出了划时代的贡献，他说："想象力比知识更重要，因为知识是有限的，而想象力概括着世界上的一切，推动着进步，并且是知识进步的源泉。"他精辟地揭示了知识与想象的关系，知识借助想象发展，想象是知识进化的先导。

一、什么是想象

　　想象是人们在头脑中把原有表象加工改造成为新的表象的思维方法，是人脑在联想的基础上加工原有的意向而创造出新意向的思维活动。想象是形象思维十分重要的思维方法，是以具体形象的形式出现的，如果问题的情境具有很大的不确定性，由情境提供的信息不充分，解决问题的进程将主要依赖于想象。想象活动的基本特点——新颖性和形象性，这二者也是人们创造活动中不可缺少的因素。

人们在日常生活、学习和工作中，经常运用想象的方法来认识问题和解决问题。虽然想象看不见、摸不着，但它的意向却比实体更广远，更富有感情色彩。任何一名优秀的作家在创作时，都有相当的想象融入其中。他们积累了大量的写作素材后，要借助想象才能创作出脍炙人口的经典作品。没有想象，就不会有屈原的辞赋、李白的诗篇、吴承恩的《西游记》、蒲松龄的《聊斋志异》；没有想象，也不会有曹雪芹笔下的金陵十二钗、鲁迅笔下的阿Q，更不会有神话这种利用和借助想象以征服自然力、支配自然力、把自然力加以形象化的艺术形式。我们在阅读这些作品时，都是用自己的思想与认识去理解作品中的内涵，与作家及作品同悲喜、共命运，这一切同样是借助想象完成的。

　　语文学习就是运用再造想象，吸引和激励学生正确地理解和运用祖国的语言文字。教学中，教师利用教材中语言文字的描述，使学生头脑中显现出感知过的、思维过的事物，还可以出现未曾感知过的事物，认识未曾经历过的生活，开拓学生思维的领域，使其加深对课文内容的理解。作文教学在语文教育乃至整个教育框架中具有极其重要的意义。它对于提高学生的综合素质，培养全面发展的人才，均有着不可估量的作用。因为学生的作文过程，就是运用语言来表现思想认识、思维方法、情感态度并且反映出主观世界和客观世界的联系的过程，是借助语言文字完成观念和情感传递的、特殊的精神产品的制作过程。这其中形象思维起到了极为重要的作用。作文中的科学态度、审美能力和联想、想象的完美统一，是提高学生写作能力，使其形成优良文风的重要因素。观察、积累是写好作文的前提，联想、想象是写好作文不可或缺的要素。因为学生写作文不能完全借助于直接的观察、积累，还得借助于联想和想象去拓宽思路，利用脑海中留存的表象去构造新的形象。通过联想、想象，可以打开作文思路，把分散的彼此不连贯的思想片段联系在一起，从而形成自己的写作思路。小学生作文，虽不是艺术创作，但是形象地描绘客观事物，就需要运用生动的比喻、拟人的手法；

要完整地刻画每个人物的形象，就需要对他们的内心活动作合理的推测；要比较深刻地揭示某一事物的象征意义，就需要开展较丰富的联想和想象。通过联想和想象来充实文章的思想和艺术容量，可以让思维冲破时空的限制，做到"思接千载"、"视通万里"。

二、如何结合阅读在作文中训练学生的想象力

《语文课程标准》总目标中指出：（学生）在发展语言能力的同时，发展思维能力。让学生学习科学的思想方法，逐步养成实事求是、崇尚真知的科学态度。第一学段要求：对写话有兴趣，写自己想说的话。（写想象中的事物，写出自己对周围事物的认识和感想）第二学段要求：能不拘形式地写下自己的见闻、感受和想象。第三学段要求：能写简单的纪实作文和想象作文，内容具体，感情真实；能根据内容表达的需要，分段表述。由此看来，小学作文教学中要提倡写想象作文和纪实作文，教师要满腔热情地引导学生大胆想象，自由表达。怎样结合阅读在作文中训练学生的想象力呢？

（一）自己作画，再现想象力

绘画是反映儿童观察自然、社会生活的一面镜子。特别是在古诗文的教学中，教师可以把握古诗"言虽尽而意无穷"的特点，引导学生把想象到的景物用笔画出来，再配以说明性的文字，可尝试如下做法。

1．"诗配画"，表达想象力

低年级的学生可以通过"诗配画"的方式把自己的想象表达出来。如教学《咏鹅》时，在反复诵读与想象后，学生脑海里出现了鹅的形象，他们似乎听到了鹅的叫声，看到了"白毛浮绿水，红掌拨清波"的景象。此时教师发下画纸，让学生把自己头脑中鹅的形象画出来。有的学生在介绍自己的图画时，形象地把自己的想象进行了描述。

　　　　有一群可爱的大白鹅，它们戴着红帽子，穿着红色的靴子，有的在捉食小鱼，有的在放声歌唱，还有的在湖水里高兴

地捉迷藏……

学生的想象力得到了充分的发挥，这种做法还有助于将古诗中精练的语言文字所蕴含的无限丰富的内容发掘出来，培养学生的感受能力和审美能力，激发学生对诗歌的喜爱之情。

2. 诗歌改写，训练想象力

高年级的学生可以通过对诗歌的改写，训练丰富的想象力。故事追求言外的意境和神韵，如贾岛《寻隐者不遇》中"只在此山中，云深不知处"的哲理，李白《赠汪伦》中"桃花潭水深千尺，不及汪伦送我情"的情愫，林升《题临安邸》中"暖风熏得游人醉，直把杭州作汴州"的强烈谴责等。其形象和感情带有朦胧性和多义性，而且诗歌是形象、精练、富有韵律的语言，强烈地抒发情感，高度集中地反映社会生活。其在结构上跳跃性比较大，所以让学生把诗歌改写成记叙文，可以再现诗人的想象过程，领会诗人的想象方法，从而提高自身的想象力。

如在教学《山行》时，学生们结合诗句画出了一幅幅漫山红遍的秋景图，一个学生写道：

在深秋时节，诗人独自沿着弯曲的小路向远处的山峰走去。在那白云生处，朦朦胧胧的好像有几户人家。深秋的枫叶娇艳妩媚，在夕阳的映衬下，枫叶灿烂无比，使人仿佛来到了火树红花的瑶池仙境。哦！那几座房屋里会是什么样的高人在尽享自然美色呢？

字里行间赞颂了秋景之美，这样的改写使人身临其境。《黄鹤楼送孟浩然之广陵》《宿新市徐公店》等诗歌都是引导学生品味其内容、剖析其语言、探析其趣味、想象其意境的佳篇。学生在阅读想象中汲取营养、探索真谛，学生的作文将会不断充实起来，灵秀起来。

3. 续编故事，发挥想象力

教师引导学生结合课文内容画"连环画"，通过续编故事的方式充分发挥学生的想象力。如在学习《守株待兔》这则寓言时，经过一番准备后,大多数学生都画了四幅图,大致内容如下。

　　第一幅:一个在田地里耕种的农夫,旁边有一个矮树桩子;

　　第二幅:兔子狂奔,头撞在树桩子上,被弹起;

　　第三幅:宋人捡起兔子,高兴至极(农具扔在地上);

　　第四幅:宋人坐在树桩子旁,路人捂嘴嘲笑。

　　这几幅图,是学生对课文深入理解后绘制出来的,有的内容已经加入了自己的想象,是学生自身认知水平的具体体现,具有一定的创新精神。例如,兔子因为跑得太快,所以撞在树桩子上折断脖子,学生用"被弹起"的景象表现出这一意思,深入领会到"兔走触株,折颈而死"的内涵,用带有儿童气息的想象力,更加生动地再现了这一情景。再比如,文中并未涉及宋人拾兔子的情景,学生能够根据自己的理解,通过对人物表情的刻画,绘制了第三幅图,拓展了课文的内容,体现了浓厚的创新意味。

　　教师抓住这一有利时机,引导学生继续绘制连环画,要求学生加入自己的想象,续编或改编故事,使故事更加生动有趣。在教师的引导下,学生开动脑筋,乐此不疲地画着。教师运用实物投影将学生的作品展示出来,学生争先恐后地讲述自己的内容。下面归纳列举几例。

　　①宋人把兔子带回家后,请妻子烹制成了美味佳肴。他一边大吃,一边感叹运气好,进而想到兔子一只只相继撞死。他做着坐享其成的美梦。

　　②宋人整天坐在树下等兔子,不再耕作,田里的禾苗干枯,到了秋天,他颗粒无收,悔之晚矣。

　　③旁人奉劝宋人不要心怀侥幸,可他却不予理睬,别有说辞。

　　在学习、绘画的过程中,学生踊跃思考,都希望表达自己的意见,讲出有意思、有道理、与众不同的答案。在相互启迪、交流中,学生更加深入地理解了"因释其耒而守株,冀复得兔"、"兔不可复得,而身为宋国笑"等重点语句的含义,并通过画图的方式,使之更加通俗化、儿童化。"那个种田的人为什么被宋国人嘲笑?"

这个问题没有必要让学生去干瘪地解释，这其中蕴含着的"做任何事情不能存有不经历努力而希望获得成功的侥幸心理"的深刻寓意，学生早已用自己的方式深入领会了。

（二）补续内容，训练想象力

想象可以拓展和创造意境美。小学语文课本中的优秀篇章，正是由于充满了诗情画意，言虽尽而意无穷，留给了读者广阔的想象空间。教学中，我们要让学生驰骋想象的风帆，去开拓出最美的意境。如学习《游园不值》中"春色满园关不住，一枝红杏出墙来"这样的诗句，就可以"园内的春色"为题，把这一景色描绘下来。这样不仅加深了学生对原诗的理解，而且增强了对美的感受和鉴赏。

教学中有不少文章在高潮处戛然而止，给人留有回味的余地，令人思绪万千，这就给学生提供了丰富的想象空间。结合这些内容，可以循着作者的思路，让学生进行想象练笔，通过续写、补写等训练，培养学生的想象力。

1. 扩展文章

扩展，就是引导学生对课文的某些精练处或一笔带过的地方想象其具体情节并展开详尽、细致的描述。如《穷人》一课最后一句话"'你瞧，他们在这里啦！'桑娜拉开了帐子"，这是一个开放式的结尾，桑娜一家人和抱回的孩子会发生什么事情呢？教师可引导学生延伸故事情节。学生结合自己的感知，进行了丰富的想象。

渔夫夫妇精心照顾西蒙的孩子，把他们抚养成人并常给他们讲亲生母亲的故事。

所有的孩子都心地善良，长大后有了理想的工作，挣了很多钱，渔夫一家从此过上了富裕的生活。

孩子们到了十八岁参军加入了卫国战争的行列，最后成了人民英雄，渔夫夫妇感到欣慰与自豪。

渔夫死了，桑娜不肯相信这个事实。她觉得天和地一下子小了许多，丈夫死了，以后的日子还怎么过呀！她几次都想一死了之，但看到那七个还未成年的孩子，她鼓足了勇气，为了孩子，一定要好好活下去。为了照顾孩子，桑娜一直没有改嫁。她织渔网卖钱度日，桑娜很爱孩子，尽量满足他们的要求，送他们上学，让他们过正常孩子的生活……

学生在续编想象的过程中，不仅思维得到了训练，而且也获得了创作的快感。小学课本中，这种类型的文章还有很多。

如《凡卡》一课，在教学中，教师以"凡卡挨打"这一情景为例，带领学生挖掘想象空间。在这一环节中引领学生展开想象的翅膀，可以从老板是怎么揪住他，如何打的，中间他还说了什么，表情怎么样，展开想象；也可以从老板娘是如何虐待凡卡的，她在用鱼嘴戳凡卡时说了什么，有什么样的表情，展开想象；还可以从凡卡挨打时的痛苦呻吟、求饶、哭泣、叫喊以及神态、外貌和他内心的感受等，展开想象。

此时教师在学生想象的过程中帮助学生将想象的内容进行梳理，最终归结为四个字——多种角度。其实这一梳理的过程就是帮助学生理清思路的过程，也是引导学生开拓思路的过程。此时学生的想象就变得有方向、有深度、有广度了。有学生写道：

夜越来越深了，凡卡摇着摇篮不知不觉睡着了。"啪"的一声，一个巴掌抽在凡卡的脸上，随后就是一阵雨点儿般的拳头落在他的身上。凡卡惊醒过来，连忙不断地给老板磕头，嘴里还不断地说着："求求您饶了我吧，求求您饶了我吧，我下次再也不敢了。"老板揪住凡卡的头发把他拖到雪地里抽出皮带向他身上打去。伙计们听到动静，衣服都没来得及穿好就跑出来。看着老板如此狠毒地打凡卡，他们不但不同情他，还起哄嘲笑他："哈哈哈，真是没用的东西，连个摇篮都摇不好，活该你挨打。"凡卡实在是忍受不住了，昏倒在地上。老板还是不解气，又狠狠地抽了他几鞭子才走进屋去。可伙计们居然还是不放过可怜的小凡卡，他们对着昏倒的凡卡又踢又打，还说："丢出去喂狼得了。"

再比如《金色的鱼钩》一课，学生可续写三个小战士迎来革命胜利的情节；《卖火柴的小女孩》一课，学生可续写假如小女孩生活在 21 世纪……续写使学生进入到课文所描述的情境中，超越了教材本身，此时学生的思维呈现出多元态势。

2. 补写情节

补写使得学生想象的羽翼更加丰满。如教师设计这样的训练：

为了看爸爸是否真的戒烟，我决定做一次试探。

_____看看爸爸的行动，我如释重负，长吁了一口气。我为爸爸自豪！

学生根据现有材料，结合来源于现实生活的经验，对"我如何试探"进行了丰富的联想。补写的语言十分生动，体现了较为浓厚的创新意味。

又如在学习《火烧云》后，教师出示练习，结合课文想象火烧云的瞬息万变，把下面的句子补充得生动、具体、完整。

忽然，天空中又出现了_____，_____ 这时，_____不一会儿又消失得无影无踪。

3. 睹物思源

世间万物不停地运动着，并且有着千丝万缕的联系。教学中，选取有特征的事物，让学生观察或想象它的来历，或想象它与周围事物的相互关系，或想象它与人的种种纠葛，或探寻事件的因果联系，让想象任意驰骋起来，可以激发学生想象的空间。

《奇异的琥珀》《黄河象》等课文都是科学家根据具体事物，展开合理想象，推测了远古时代的故事。教师也可以借此良机，结合一个具体意象，引导学生展开想象，进行合理的推测，如《铅笔盒的由来》《我心爱的音乐盒》等。

《白杨》《夏夜荷花》等课文表面上是在介绍景物，抓住景物的特点写出白杨不择生活条件的顽强的生命力，写出荷花出淤泥而不染以及无私奉献的品格，实际又是在"借物喻人"，赞美像白杨、荷花那样品格高洁的人。在学习后，教师可以提供条件，给实物，给方向或范围，如"小草"、"梅花"、"铺路石"等，让学生写想象作文。有的学生写出了梅花的外形、颜色，还联想到了毛主席的《咏梅》，写出了人生的追求与希望。

又如学校组织学生到凤凰岭进行采摘活动，途中学生问道：这里为什么叫"凤凰岭"？教师抓住契机，引导学生注意观察，把握这一情节，鼓励学生进行大胆想象。有的学生写出了这样的文章。

> 汽车进了山区，远远望去前面仿佛出现了一座雪山。怎么？这里还有雪山吗？我正迟疑不定，汽车临近了，哦！这才恍然大悟，原来这"雪山"是一些白色的大块岩石堆积而成的，石面光滑。峰顶的一块岩石斜躺着，颇有气势。石峰之间长出一些生命力顽强的小松柏，周围还散布着野菊花和小草。看啊！这座山就像一只神鸟傲视一切，真是一幅活生生的《凤凰傲意图》，望着面前的景色我突然想到：这可能就是"凤凰岭"名字的由来吧。

学生依据眼前看到的景象，想象到"凤凰岭"名字的由来。这是学生经过构思独立创造出来的新形象。在观察、想象中，学生创造性的思维火花在跳跃！

三、想象作文的基本类型及训练方式

（一）组合作文

动物病理学家贝弗里奇说："独创性常常在于发现两个或两个以上研究对象或设想之间的相似点，而原来以为这些对象或设想彼此没有关系。"让学生在两个看似无关的事物之间进行想象，如同给了学生一个驰骋的空间，学生的思维会更加灵活，更具跳跃性。如我们曾经尝试给学生几个毫无关联的词语，先让学生说一句话、一段话，再让学生用上这些看似风马牛不相及的词语编一个有情节的故事。如针对"书、树、鼠"，有一名学生写道：

> 一天，我在树下看书，不知不觉睡着了。这时我梦见书中的小老鼠"米奇"跳了出来，它指着我的头说："贝贝，我带你

穿过时光隧道,到我们的王国去参观一下电子图书馆与科技森林吧。"我正要和"米奇"说话,却听到"啪"的一声,我一下子惊醒了。原来,书从我的手中落到了地上。

又如针对"城市、发电厂、飞船",一名学生写道:

我来到未来城市,看到原先的原子弹库不见了,而耸起了一座原子能发电厂。我走入发电厂,找到一名科技人员问:"叔叔,这里有个叫迟龙的人吗?""没听说过,你去旁边的航空旅游局问问吧!"我想:航空不就是用飞机载人吗?未来的我会在这儿工作吗?我带着疑问走向航空旅游局,我一看,啊!这哪里是飞机运载,宇宙飞船早已带着人们遨游太空啦!

这样的练习还有很多,如"变形金刚、雪、种子"……这类训练把学生的情绪体验、亲身感受、想象力融为一体,使学生的形象思维得到了拓展和加强。学生思维活跃,想象力得到有效训练,养成了不受制约、纵横思考的习惯。

(二)假设作文

假设的东西本身是不存在的,要学生写假设的内容,非想象不可。在教学中,教师可以假想一种情境,拼接生活的经验和规律,展开想象。如"别开生面的网球小组决赛正在激烈地进行着,12比12,13比13,还有最后两个球,这时,五年级(1)班主要得分手张鹏摔倒了,裁判吹响了哨声……"教师做了如下假设:

①假如张鹏继续坚持比赛;

②假如张鹏伤势严重退出了比赛;

③假如五年级(1)班班主任加入啦啦队的行列;

④假如五年级(1)班取胜了。

根据这几种假设,分别写出场上队员和场下观众的表情、语言和动作。学生根据这四种不同的假设情况写出的作文立意新颖、想象丰富,具有一定的创造性。

现实生活中存在一些问题尚未解决,如何解决?教师可引导学

脑科学·思维·教育丛书

生以解决问题为线索，采用假设的方式，想方设法地采用超现实的想象，寻找解决问题的理想途径与方法。例如：一个学生的爸爸总是脾气不好，他就想象研制了"改换脾气的药"；有的学生爱说谎话，他的同学就想象了"惭愧巧克力"，只要吃了这样一块巧克力，说谎的毛病不但改了，顿时还感到非常惭愧。

（三）童话作文

童话式想象作文是运用小学生喜爱动物的特点，用他们善良的童心，用动物或其他的东西代替人类形象，来表达他们的愿望，可对诚实、勤劳、勇敢和乐于助人等方面的品质加以赞美，还可反映绿化、环保等社会问题。这是顺应小学生心理进行思维发展、语言发展的一种训练形式。这一类作文的所有情节，都是小学生根据生活认识想象出来的。如《银河系铁人三项大赛》，小作者以银河系的行星为主要人物，以进行"铁人三项"大赛为主要事件，揭示了地球这一特级生命星在遭受了人类的种种破坏后的境况，指责人类的种种破坏生态的行为，呼吁人们保护地球、爱护环境。

◆ ◆ ◆

银河系铁人三项大赛

"女士们，先生们！大家晚上好！欢迎大家光临银河系铁人三项大赛的开幕式，明天我们将展开银河系铁人三项大赛。规则嘛，很简单，首先游泳三千光年，地点是水星开办的游泳池，接着跑五光年，地点是土星创建的体育场，接着绕太阳系一周，最先到达终点者为胜！本节三项赛事是由银河系体育有限公司特别赞助。"牛郎星眉飞色舞地说着。

当晚，几个行星窃窃私语。"上届运动会上地球轻易地击败了所有的对手，现在它所哺育的人类发达了，看来我们更没戏了。""你还想得第一？地球用手撑着地跟你跑也能赢。"

第二天一早，随着"砰"的一声枪响，游泳开始了。行星们仿佛离弦的箭一般"蹿"了出去。救生员水星无所事事地说："现在比赛水平越来越高了，根本用不着救生员……"话刚说完，只听"哎呀！"一声，水星一跃而起，说："谁溺水了？"当助手把地球拉上来时，水星大惊失色地问："地球老弟，你怎么居然溺水了？""咳！我身上的树，都快被人砍光了，用什么来吸水呀？"水星低头一看，游泳池里全是泥沙。"水土流失！"水星大惊。"你怎么染上这种病了？""还不是因为树太少，抵抗力差呀！""那我还是把你直接送到跑道上吧。"水星说。

地球上了跑道，不一会就累趴下了。土星忙跑上去问长问短："地球哥，上一次你可是一口气冲到终点呀，今天怎么才跑了 2000 千米就累趴下了呀？""我周身的空气越来越脏，呼吸都成了一个大难题，就别说跑步了。""那我直接送你去自行车赛道吧。"土星半信半疑地说，因为它怎么也想不到，人类发达了，地球却衰弱下去。

地球勉强爬上了自行车，大家以为这次地球该扭转局势了，可它还没骑两步呢，竟然休克了。大家慌忙把它送进宇宙中心医院，诊断结果是：周身温度太高，导致脑神经受损。"地球上的二氧化碳太多，使地球温度每年都在上升，现在它全身都发热。"冥王星医生说。

牛郎星愤慨地说："看来，地球的种种病况，人类是罪魁祸首！"

得了第一名的火星说："人类为了自己的地盘、利益而不断发动战争，也不知道下一届运动会，地球会是什么样？"

从这篇文章可以看出，学生把自己过去感知到的事物在大脑中重新组合，想象力、创造力得到发展。

在学习了《机器人出诊》一文后，教师问学生："如果机器人给小白兔、小猴子或者小青蛙、小壁虎看病，会怎样说、怎样做，这些小动物会怎么样呢？"这个问题紧紧扣住文章重点，引导学生把学到的知识加以总结，又延伸了课文本身的内容，给学生一个发挥想象的空间。学生又写出了《机器人出诊新编》等饶有趣味的文章。有个学生写道：

……淘气的小壁虎，一摇一摆地爬过来，在方方跟前走了一圈，哇！方方终于发现了——小壁虎的尾巴断了！他立刻喊住小壁虎："喂，你的尾巴怎么断了？要是严重骨折那可就麻烦了!"说完便拿出手术刀跃跃欲试,要给小壁虎做接骨手术。小壁虎一见这亮闪闪的锋利的手术刀,可吓坏了,抱着脑袋一溜烟跑得无影无踪了。方方一时愣住了。小白兔摇晃着两个大耳朵对方方说:"医生,您这就不对了。小壁虎断尾巴这是它的自卫功能。当它遇到危险时,就用断尾巴来逃脱危难。至于断了的尾巴嘛,是可以再生的呀!"小白兔说得头头是道,可是方方却注意上了它的眼睛。"呀!不好了!小白兔,你得了重度红眼病!快来,我这儿有'润舒'快拿去吧,记着一天滴 2~3 次,一次要 1~2 滴……"方方话还没说完,大家都哈哈大笑起来。小猴子拍拍方方的肩膀,指着小白兔的眼睛笑得说不上话来……

训练学生编写童话、寓言的文章还很多,如学习《动物的远游》《海底世界》等都可让学生选择其中的几种动物作为童话的主要角色,自编童话。学生对此兴趣很高,不但能描述出一个个有趣的故事,而且每个故事中都蕴含着一个深刻的道理。这些新颖有趣的想象性作文训练,不仅培养和发展了学生的想象力,而且陶冶了他们的情操,更使他们感受到从事创造性劳动的快乐。

对小学生而言,想象尤为可贵。小学生的思维方式以形象思维为主,他们对图画、神话故事尤为敏感和喜爱,用童话来描写自己内心世界的想象和自己喜爱的事物是十分自然而容易的事情,他们写起来也会感到轻松和愉快。那些普通的小盒子在小学生心里是"汽车",是"房子",是"小动物温暖的窝";那些常见的小瓶子是"布娃娃的奶瓶",是"新式火箭筒"。这些正是小学生创造活力的萌芽。这些足以开发学生的想象力,调动他们的内在潜质,激发他们的创作欲望。

（四）看图作文

图画的内容是静止的,所表现的内容也是有限的,如果单纯地描写画面内容,所写出的文章必然呆板、干瘪。因此,看图作文教学的关键是把图上的内容看清楚、看明白、看到位后,再根据图上内容看清画外之事、画外之人、画外之情境细节等，这就要依靠学生的想象力来完成。学生给图配文，实际上是件很有趣的事情。如一幅图只简单画着一条大狗在追一只小猫，学生发挥想象力，写出：

> 有一只老实的大黄狗和一只调皮的小花猫，它们生活在一起，和睦相处。可是有一天，它俩竟为争一条鱼，吵了起来，最后鱼被乖巧的小花猫享受了。大黄狗心里很生气，时刻想报复小花猫。从此，它们的友谊破裂了。

可见想象的翅膀一旦张开，就必然由此及彼、触类旁通，把画面上的一事一物和生活中有关的事联系起来，创造出新的内容，从而使作文内容丰富、具体、充实。

（五）科学幻想作文

生活在新世纪的孩子，每个人都有美好的理想，利用他们对未来的美好憧憬和向往，让他们去尽情想象、描绘。教师可设计《太空遨游》《火星探险记》《未来的学校》《当我登上月球》等文章题目，让学生尝试创作。科幻想象作文全凭小作者对科学知识的了解，加以大胆想象，创造出故事情节。这种想象作文一般小学生是很难创作的，必须要对科学知识有较系统、深刻的认识。教学中，教师应试着培养学生这方面的能力。

学生还结合平时观察写了关于花草树木、鱼虫鸟兽的科学幻想日记。有的学生还写出了《机器人风雪》的微型科幻小说。学生凭着对科学知识较系统的认识、了解及对科学规律的把握，以科学的思维形式表达着自己的幻想，以幻想的形式表现人们对理性科学精神的尊崇。这类作文想象的时空更加广阔，想象的触角伸向了遥不可及的域外星空。这些训练开发了学生的想象力，提高了学生的语言表达能力。

（六）未来生活作文

未来生活作文是小学生想象作文训练的主体。这类作文是少年儿童把美好的愿望和理想加以具体化的一个思维过程。学生对这类写作很感兴趣，他们在讨论时兴致勃勃地谈论着自己的理想，想象着实现理想后自己是怎样工作的。比如《假如我是_____》，学生在一个个假设中，抒发自己的理想、抱负，描绘自己灿烂的前景和对未来的美好遐想。有的学生想象着自己当上了世界漫画家，有的学生想象着自己当上了国际象棋大师，有的学生想象着自己当上了儿童节目主持人，有的学生想象着自己当上了天文学家。学生写出了《假如我是宇航员》《假如我是厨师》《假如我是市长》《假如我是服装设计师》等精彩有趣的文章。例文如下。

❖❖❖

假如我是宇航员

我换上宇航服，拿着探索仪和其他先进的仪器，坐上航空飞机，到宇宙里探索。

我来到火星、土星、月球和其他星球，都没有生命的迹象，我很失望。

突然，探索仪发出信号，显示出：前方一亿光年的地带，有生命的迹象。我急忙把航空飞机设置到最快的速度。靠近了！靠近了！可是，一转眼又不见了。我正想着，终于发现了目标。我用超高倍天文望远镜，仔细看了看这个星球的全景，这里有水、有山、有动物、有植物、有人。这里的水是黄色的，山是红色的，动物只有一种，是羊头、马身、象脚、鱼尾。我兴奋地用无线电向地球报告："在离地球大约三亿光年的地方，发现了目标。"总部要求：搜集他们的样本。

我接到命令，立刻着陆。这里竟空无一人，我扒开一个小窗缝，远远地看到这里的人没有头发，一只眼睛，小个子，全身绿色。在这里我采集了十片叶子、十瓶水、十块石头、十块动物肉，下一步，就是抓一个人回去。可我怎么也打不开门窗。"怎么办呢？"我眼睛一亮，想出了个好主意，我蹲在门口，不出声音。可蹲了半个多小时，还不见人出来。我可不耐烦了，用激光打开了通道。里面的人一见我进来，就立刻逃了出去。原来他们行走起来是一跳一跳的，很有趣。我紧追其后，可怎么也追不上，这两个人可真奇怪，居然跑到了死角。我刚要抓住他们，突然其中一个人吐出了绿色的气体，顿时我的视线被遮住了，另一个人用锤子一类的武器向我袭击。我立刻操作远红外线，排除视觉干扰，奋力地与他们搏斗起来……两个小人一一被我制住。正当我要把他们放入真空袋，带到航空飞机上时，他们落在了一起，奋力一跳，竟消失得无影无踪！好奇怪，看来这次捕捉外星人的任务又没有完成。

小作者对自己作为一名宇航员探索宇宙的情景进行了丰富、细致的想象，文中情节扣人心弦，充满了奇幻色彩，使人身临其境。学生想象大胆、合乎情理，写出了新意。以《2020年我们再相聚》《明天的梦》等为题目引导学生憧憬自己的未来，表达远大理想及雄心壮志。如一个学生写了一篇《20年后的我》。

◆◆◆

20年后的我

一道曙光划破了2020年信息社会的长空，照亮了这座城市的一切，一幢幢高大新颖的建筑物，一排排科学培育的大白杨，都沐浴在晨光里。你看，一个阳光明媚的早晨又来临了。

攻读到博士后的我正在一座摩天大楼里办公。那里面摆放着成百上千台计算机，这时你一定知道我在剑桥大学深造时学的是什么专业了吧？对，是计算机和社会经济学。当然，这两门可是最"时髦"的学科了。学习期间我专心苦读，掌握了所有的计算机语言，同时也推出过几个小软件。这些都没什么，就是在上个月的今天，我突然一鸣惊人。嘿！人们的脑子里又多了一个新的名人——李晶！这是因为我推出了一个令世人瞩目的法语词典软件——"帮你记忆2000年"，这个软件直通人的大脑。比如讲外语，100多万字的法语辞典，倒背如流，从第一个字背到最后一个字。哇！这样的水平，是过去许多从事语言研究的专业人员一辈子都没能想到或做到的呀！而那个人只花了一分半钟啊，太神奇了！这个软件使我一夜间成了"软件明星"，就连比尔·盖茨先生也来向我请教！

这是我在下午的一个新闻发布会上向记者们所说的内容，并指出明年还要推出另一个新软件"AUP 普及",让网络普及全世界。如果再成功,那将又是一个壮举。"CHIL 的锁"让孩子们无法进入对他们不利的网页,以圆我孩提时代的梦想。

一座摩天大楼里,一位女士静静地沉思着,她就是我——一位作出过杰出贡献的人。

这类对未来生活的想象作文,学生们在写作中的积极性得到了充分发挥,人人都有自己的创意。

（七）虚构梦幻作文

学生还通过对日常生活的观察、分析,写出很多有创意的日记:《灯光与妈妈》《吃药与批评》《鲜花与老师》《笼中的小鸟》《餐桌上的青蛙》等。训练使学生突破空间想象,思维变得更灵活、更有跳跃性。

日常生活中,由于许多客观条件的限制,人们的许多想法不能实现,而梦境却不受其限制,因而让学生把自己做过的有趣的梦写出来,便可很好地培养学生的想象力,使其写出充满奇思妙想的想象作文。一名学生在梦中来到了未来世界,他写道:

> 我终于来到了这个实验室,原来是我在研究光速,只见一张又一张的图纸,一个又一个的模型。这时,未来的我来到这里又开始做实验了,我问:"你叫王刚吗?"他回答:"是。"我马上又问:"你小学是在哪儿上的?"他笑着说:"我在朝阳实验……"我的美梦刚到一半,便被妈妈催我早起的喊声打断了。

看来,想象是一种创造性的认识。没有想象,就没有创造。想象可以使学生眼前展现出一片新视野,发现一片新天地,甚至出现思维上的领悟,闪现出灵感的火花。

一、观察生活，感受生活，是写好观察作文的源泉

大千世界，有写不尽的人、事、物、景，然而，学生的作文往往空洞无物，这不是因为他们没有观察，而是在观察时缺少正确的指导。因此，只要引导学生到生活的海洋里去遨游、观察、体验，学生就会用自己的笔描绘出这个色彩绚丽的世界。我们都知道作文必须经历"物—意—文"双重转化的过程，也就是说将现实生活、客观事物转化为观念或情感，再将这种观念或情感转化为书面语言。表象是思维的起点，是写作中双重转化的基础，没有表象，"意"和"文"只是无源之水。不同的"物"在人脑中的表象并不处于相同的水平，同一表象在人脑中也不完全凝固不变，表象的储存与观察有非常密切的关系。

一个人的知识，90%来源于观察，观察是感知、储存、内化外界信息的关键渠道，是形成语言的前提和基础。观察越细致、越深入，表象储存就越牢固、越明晰。在学习生活中，教师要注意结合学生的实际，安排大量学生喜闻乐见的观察说话事例。这样有利于训练学生对所感知的事物再现的敏捷性和可接受性，符合认知规律。

"生活就如泉源，文章犹如溪水，泉源丰盈而不枯竭，溪水自然活泼地流个不歇。"叶圣陶老先生的哲语，生动地论证了生活与文章的关系。是的，生活是写作的源泉，要让学生充分享受生活和感受生活，必须十分珍惜学生感受生活的过程，让他们情绪饱满地参与生活。学生在生活的乐趣中接触作文，消除了写作文的恐惧感。我们要创设作文情境，通过一个游戏、一个活动，让学生兴致勃勃地参与并讲述，让他们用自己的感官去感受并且亲身体验到将要获得的写作素材。

引导学生从自己身边的生活着眼，调动多种感官，怀着真挚的感情去观察、体会生活，对生活中的每一个片段、每一个细节以及人物的音容笑貌、行为举止进行有条理的观察。学校生活中有许多这样的例子：春季运动会的赛场上，同学们奋勇拼搏为集体争光时的情景；在操场上，师生一起玩老鹰捉小鸡的游戏，教师模仿鸡妈妈为保护小鸡拼命抵抗老鹰捕捉时的情景；参观亚洲室内最大的北京植物园；到大兴梨园挖白薯、刨花生；到朝阳剧场观看师生自己表演的精彩节目……难道学生自己做过的事还没的可写吗？

一年级百灵班的刘爽同学写的观察作文《小金鱼》如下。

小　金　鱼

我在家里养了两条小鱼，一条是黑色的，一条是白色的，白色金鱼的头上还戴着一顶红帽子呢！两条小鱼游来游去，可是两条小鱼总是并排游。我觉得很纳闷，我问妈妈："为什么它们总是并排游呀？"妈妈说："因为他们是好朋友呀，所以他们总在一起玩。"现在，我明白了，我也要和它们做朋友。我要保护那些小动物，我要和小动物成为好朋友。

低年级的学生还特别喜欢写水果，像一年级金星班尤熙饶同学认真观察了一种水果，写了一篇观察作文《火龙果》。

火　龙　果

火龙果外形像一个火苗，一刀切开里面的果肉就像是在奶里撒了芝麻，闻起来没味，吃起来也没味。再说说"小芝麻"，"小芝麻"切开里面还是白色的。听妈妈说火龙果有降血压的作用，所以老人吃比较好。

三年级一个学生写的《小猫》如下。

小　猫

上个月，我们家来了一只刚满月的小猫。它不是买的，也不是人送的，而是我大舅在工地上捡到的。

这只小猫非常讨人喜欢，除了头顶上有一个棕色的倒"山"字以外，全身都是雪白雪白的，没有一根杂毛。它刚来我家的时候，毛还是乱蓬蓬的，经过我们的精心照顾，小家伙的毛变得柔顺起来。

别看小猫还小，可淘气了，哪怕是一根线、一根扁豆，也会不停地啃、咬、撕，直到玩腻了。有一次，我去端饭，不小心把一个小勺掉在了它面前(对于小猫来说声音很大)，小猫先是一怔，眼睛死死地盯着小勺，并且慢慢地向后退几步，趁小勺不注意，猛地一跳，对着小勺不停地叫、咬、抓，显得很生气，逗得我不禁哈哈大笑。我非常喜欢这只可爱的小猫。

四年级（3）班张莉同学写的作文《雪》如下。

❖❖❖

雪

今天上第一节课时，外面突然下起了鹅毛大雪。我心里感到很奇怪：都已经是春天了，怎么会下这么大的雪呢？心里一直在想这个问题，可总是想不通。一片片雪花，好像一个个跳伞运动员，它们从很高的地方落下来。雪花又像棉花糖，假如含在嘴里就会冰冰凉凉的，还带着甜味儿。那种味道只要你吃过一次就想吃第二次，简直是回味无穷。

下课了，我带着好奇心下了楼，走到楼下，却没有看见厚厚的积雪。这让我更加好奇了。后来一想应该是今天地表的温度比较高，雪片还没有落地就融化掉了。回家后我问妈妈，妈妈告诉我这叫"春雪"，这场雪可以净化空气，还可以给植物增加水分。这时我才明白春雪还有这么大的作用哪！

五年级（3）班秦辰同学写的《参观自然博物馆》如下。

❖❖❖

参观自然博物馆

今天早上，我们全班一起坐车来到了自然博物馆。我们一进大门，就看见两只恐龙的塑像，一只是三角龙，另一只长得有点像霸王龙，身上长了好多斑点，长得很恐怖，形象非常逼真。

我们首先走进了水族生物馆，里面陈列着一些珍贵的海洋鱼类标本，有我国的中华鲟、史氏鲟、拉蒂迈鱼，它们都非常罕见，应该受到保护。前面有一个大水池，里面有大海龟，别看它们在海里游得快，到了岸上它们就不行了。接着就到了一个大屋子，里面有许多海里的鱼，有的长得奇形怪状，有的像一块礁石，很难被发现，还有的小巧玲珑，非常可爱。其中有一种非常珍贵的鱼，它产在我国，名叫亚洲龙鱼，它是花7万块钱买来的，非常珍贵。

走出水族生物馆，我们来到了古生物馆。里面陈列着黄河象的骨架、恐龙蛋等珍贵物品，还有原始人的头骨和各种古生物的标本。那时的动物和现在的动物长得不一样，就拿原始象来说吧，过去的象长得像马，没有大长鼻，也没有巨大的牙，不像现在的大象那样笨重。

在黄河象的旁边还有一只长须鲸的骨架，长有20多米。还有白鳍豚，它是我国的一级保护动物。然后介绍了最大到最小的鲸，我看着同学们都记录下来，我也拿出本写起来：剃刀鲸是最大的，长30米，抹香鲸22米，露脊鲸20米，小鲼鲸10米，江豚7米，独角鲸5米。最小的也5米长，鲸可真够大的。

由古生物馆出来，我们最后来到了恐龙馆。一进门，有一些恐龙的图片，接着出现一个屋子，里面有地球模型和宇宙一些恒星。我们接着向前走，里面有恐龙蛋模型和原始鱼的画。接着我就听到一声大叫，不像是人，好像是猛兽的吼叫声。我怀着好奇心进去了，原来是工作人员研制的会动的机器恐龙。这些恐龙像是真的似的，栩栩如生。这时我又听到一阵尖叫，我知道肯定是我们班的女生害怕了在叫。我走上前一看，原来是一个洞，这有什么害怕的呢？我再走近一看，咳！原来是一只假恐龙，又不是真的，有什么可怕的！

我们看完以后就走出了自然博物馆，大家都非常累，但我觉得我们没有白来，在这里学到了许多知识，使我们的知识面又拓宽了，我一定不会忘记这次难忘的活动！

六年级（3）班孙迪同学写的《有意义的采摘活动》如下。

有意义的采摘活动

在秋高气爽的时节，学校为我们四到六年级的同学组织了一次有意义的活动——采摘苹果。清晨，太阳公公早早地露出笑脸，好像在说："同学们，祝你们一路顺风，我会一直陪伴你们的。"

我们怀着兴奋的心情坐在旅游车上。一路上看到许许多多的高楼大厦，有的像一座古庙，有的像一枝盛开的花朵，但是一到北京郊区，景色就截然不同了，金黄色的麦子被风吹得弯下了腰，好像在向我们点头致敬。这里到处都是平房，很少看见两层楼。路两边都是白桦树、柳树和杨树，它们在路边正等着我们的到来，有时还会在枯草中看见几支芦苇。我不禁感叹道："秋天的景色真美啊！"

大约过了一个小时，我们下了车，来到凤凰岭自然保护区。我们站在路旁集合，向远处望去，只看见一望无际的绿色。走进果园，才看见树上的红苹果在阳光的照射下显得格外耀眼。我们拎着塑料兜，寻找着又大又红的苹果。我们向树上望去，无意中发现了一个又大又红的苹果。我喜出望外，使劲儿一跳，不行，因为我的个子太矮了，摘不到，没办法，只好请来我们的组长——大个子吕涛。只见他纵身一跳，手臂向那个大苹果伸去，一下子就摘到了。"好厉害呀！"我脱口而出。我把这个大苹果放进塑料兜里，高兴极了。我很希望能再次看到这样好的苹果，可是好运只有一次，我再也没有看到第二个这样大的苹果。不一会儿，采摘够数了，我拎着12个苹果走出果园。坐上车，看看自己丰盛的成果，我心里甜滋滋的。秋天真不愧为丰收的季节，那红红的苹果让我们知道经过自己的努力才能得到果实，学习不也是这个道理吗？只要自己在学习上刻苦努力，我也可以成为一名优秀的学生呀！

二、深入观察，提高观察作文的质量

（一）指导学生观察

观察是学生获取写作素材的主要渠道。在生活中如果不去做一个善于观察的"有心人"，许多有用的材料就会从自己的笔下溜走，写起文章来必然笔重千斤。学生接受外来信息和接受知识主要是通过人体的各个器官来实现的。观察绝不是一般意义上的"看"，它往往需要多种器官的共同参与，如闻、听、摸、尝等。

如在指导《美丽的校园》这篇作文之前，先让学生在班内说一说校园内都有哪些景物，这些景物有哪些特点？ 随后教师带他们去校园内仔细地观察这些景物的特点。观察是小学生的一项重要的学习活动，在语文教学中我们要遵循感知规律，想尽办法为学生创造良好的观察条件。这样做不仅使学生获得丰富的感性认识，而且还在指导观察的教学过程中，不断培养和提高学生敏锐的观察能力。

在观察的过程中，我们启发学生动脑筋，让他们带着问题去观察，再通过观察和思考去解决问题。这里贯穿着积极的思维过程。思维活动推动观察活动，这就不仅使学生通过观察增长知识，积累写作材料，而且使观察过程本身成为一种自觉的、有意识的活动过程，从而提高了观察效果，使学生养成观察习惯，形成勤于观察、善于观察的好品质，为写作打好基础。

首先我们让学生观察红色教学楼上的爬山虎，然后问学生："爬山虎的叶子都有什么颜色，它们是什么形状？"学生来到教学楼下用手轻轻地摘下一片嫩叶，数了数有几片，然后高兴地说："老师，爬山虎刚长出来的叶子是嫩红色的，没过几天就变成了嫩绿色，而且都是由五个叶瓣组成的，像一个小手掌。"老师对他们说："你们继续细致观察，一定还会有新的发现。"这时，又走过来几个学生，他们拉着老师的手说："老师您看，爬山虎卷须的顶端还有一个粉红色的小吸盘，吸力可大了，刚才我把它揪下来的时候，还带些小沙粒呢。"……听着学生你一言我一语地说着，老师不住地点头，心想：这都离不开学生仔细的观察。通过观察，学生们获得了第一手真实的材料。

后来，老师又让他们站在远处看看爬山虎覆盖教学楼整体的样子。来到了操场中央，仰望教学楼，它被爬山虎覆盖着。只见学生把小手举得高高的，都想把自己看到的、想到的跟老师说一说。此时，学生又进行了深入观察，他们把观察到的结果同初次观察所获得的表象联系起来，并且对已有的表象进行加工改造，这样就抓住了爬山虎这一事物的本质特征。也就是说，现有的知觉同过去的经验交织，这恰恰是一切真正的思维活动的典型特征。因此，深入地观察是一种思维活动，即形象思维活动。

学生通过观察，有了表象的储备，表象积累越多，思路自然就开阔，写作时才有内容。说是写的前提，学生通过认真地观察，回到班里，老师再让他们把观察的结果通过自己的语言表达出来。他们观察愈是深入、细致，说话、写话时语言就愈丰富，思维也愈加活跃。

（二）利用多媒体等手段，丰富学生表象

我们在教学中恰当运用多媒体等教学手段，千方百计调动学生的多种感官，充分调动学生的积极性，增加其形象信息的储存，帮助学生建立完整、清晰、丰富的表象。在多媒体教学中，学生欣赏着美妙动听的音乐，观察着风景秀丽的画面，深深地陶醉在无限美好的情景之中。这样，学生便有了如临其境、如悟其情的体验，有助于想象力的提高。

在教学中，怎样才能使学生看图后储存在头脑中的表象变得丰富、细腻起来呢？图是静止的，有些内容无法表现，于是我们采取前后联想法，把静态的图变成流动的图。这就需要通过联想和想象启动学生脑中的表象，使图在学生头脑中的表象与以往储存在他头脑中的各种表象产生相互作用，即通过表象的深化、分解、组合等运动形式使图在头脑中的表象丰富、细腻起来。

在讲《美丽的校园》这篇作文时，我们把校园内高大的槐树、碧绿的爬山虎、色彩鲜艳的月季花等景物拍成照片，并把这些照片输入电脑储存，再按照学校的方位顺序制作成课件。

小学生在观察事物的过程中，都会产生一定的情感。看到美丽的景物，欣赏悦耳的音乐，一定会感到心旷神怡。教室里鸦雀无声,学生瞪大了眼睛盯着画面。学生观察目的明确,感知就非常清晰。在作文课上,我们利用这些材料进行教学,通过具体形象的描写,使客观事物栩栩如生,使学生如见其物、如临其境。

在这个环节中,关键的一步是:指导学生分清主次、抓住重点、有目的地去观察。教师在指导学生重点观察红色教学楼铺满碧绿的爬山虎这一景观时,除了让学生用眼睛看现实中的爬山虎,还通过多媒体分步展示观察对象——爬山虎叶子的颜色和形状以及花和卷曲的茎。此时配上优美的音乐,让学生通过亲身感受,把注意力集中到写作素材上。多媒体动态图像演示,有助于学生理解语言文字,形成一种清晰的"动态表象"。这样的训练有利于克服学生观察的随意性。

课堂上,我们按照学校的方位演示图片,目的是引导学生有序地观察。这样不仅使学生能有条理地描绘学校的美景,而且使他们知道了观察要有序。作文课上,我们遵循从"杂乱无章"到"有章有序"这一说话规律,让学生充分地说,把自己看到的景象有顺序地说出来。此后,让学生以"美丽的校园"为题,按照方位顺序进行写作。由于观察仔细,他们的语言表达很有条理。

五年级(1)班李思宇同学在《美丽的校园》这篇作文中这样写道:

> 春,伴随着如烟、如雾、如纱的细雨,悄然降临到我们的校园,给校园换上一件充满朝气的新衣。当你踏进我们的校园时,首先映入眼帘的是红色教学楼上的爬山虎。它们的叶子就像手掌一样,牢牢地扒在墙上。仔细看去,叶子下面有着嫩绿而又细小的茎,这茎的顶端是粉红色的小吸盘。它们扒在墙上,非常牢固。春风吹过,爬山虎的叶子随风摇摆,就像是在与来访的客人打招呼,好像在说:"欢迎你们来到我们美丽的校园。"爬山虎就像一个坚持不懈的运动员,不管风吹雨打,都坚持向上爬。这种顽强向上的精神是值得我们学习的。

> 教学楼前面,是一个美丽的大花坛,里面种着太阳花、茉

莉花、紫藤花等。其中，一朵红艳欲滴的月季花悄悄地露出了笑脸。它的颜色是那么浓，没有一点杂色，好像燃烧的火焰。

教学楼的前方是一条笔直的甬道，甬道两旁的槐树显得高大挺秀。槐树的树枝是绿色的，小小的叶子呈椭圆状，春风吹过发出"沙沙"的响声，好像春天母亲抚摸着自己的儿女发出"咯咯"的笑声。到了四五月份，槐树上开满了雪白的槐花，它们就像一只只蝴蝶，又像一串串的铃铛，在绿叶的衬托下散发着清甜幽奇的香味。啊！春天的校园是多么的美丽，我愿做一朵小花，愿做一棵小草，在校园的怀抱里茁壮成长……

作文教学要培养学生的创造性思维，就必须抓住有关实例进行启发、引导。联想能唤起学生对旧知识的回忆，沟通知识内在的联系，提供解决问题的线索，促进学生智能的发展。想象是智力活动中最有活力的方面，要培养学生的创造性思维，离开想象是不可能取得成效的。联想和想象有利于打破学生的思维定式，开启学生的创造性思维。

又如五年级（1）班赵一芳在描写月季花时这样写道：

一朵朵红艳欲滴的月季花悄悄地露出了笑脸。它们的颜色是那么浓，没有一点杂色，好像燃烧的火焰。仔细看去，每片花瓣都呈桃形，似透明非透明。这些花瓣很有规则地簇拥在一起，层层包裹，就连花瓣之间的空隙也自然地被下一层花瓣遮盖。凑到花苞前闻一闻，幽香阵阵，有杏味，有桃香，沁人心脾，使人陶醉。月季花还柔中带刚。瞧，在嫩绿色的花枝上有着一个个小刺，它们尖尖的、硬硬的，藏在叶下，这是月季花的自卫武器。看着月季花，我不禁想起了几句诗："人应该向月季花学习，给善美以芳香温馨，给丑恶以长矛利刺！"

多媒体教学可以创设生动的情境，引发学生展开联想，这是培养学生思维能力的有效手段。屏幕上的画面是形象的，可以让学生们边看边想。唯有通过不断地、全面地、细致地观察与思考，学生才能逐渐从感性认识提高到理性认识上来。可以说，学生观察之后进行联想是形象思维最活跃的阶段。这堂课提高了教学效率，发展了学生思维，使他们的写作内容更加充实。在指导学生描写植物的过程中，学生学会了观察方法，知道怎样去观察。在此基础上，教师训练学生用这种观察方法写一写家内的植物，看看谁写的观察作文最真实并且有自己独特的感受。

三、观察作文教学设计

◆◆◆

《我喜欢的水果》观察说话课教学设计

[教学目标]

(1)引导学生认真观察，抓住水果的特点，学会从颜色、形状、味道等方面来介绍。

(2)引导学生运用阅读和生活中学到的词语自由表达，养成积累、运用词语的习惯，夯实学生的语言基本功。

(3)使学生能用几句简单的语言清楚明白地说一说自己喜欢的水果。

[教学重点]

抓住颜色、形状、味道等特点来介绍自己喜欢的水果。

[教学难点]

抓住特点说一说自己喜欢的水果。

[教学准备]

(1)学生自带水果。

(2)教师准备教学课件。

[教学过程]

一、创设情境，激趣导入

今天，我们一起到水果王国去看一看，如果遇到了你认识的水果宝宝，请你叫出它的名字，和它打声招呼。

二、激趣导说，乐于表达

(一)练习说句子

1.师：遇到的水果宝宝真多呀！水果不仅好吃而且营养丰富，对我们的身体健康大有好处。今天我们就来上一节有趣的说话课《我喜欢的水果》。

2. 师：你最爱吃什么水果？

出示句式，练习说话：我最喜欢吃的水果是(　　)。

3. 师：能说一说，你为什么最喜欢吃这种水果吗？

出示句式，练习说话：因为(　　)，所以我最喜欢吃(　　)。

4. 学生练习说话。

（教师板书：颜色、外形、味道、营养价值、作用）

（二）练习说特点

1. 师：同学们喜欢吃水果的原因多种多样，有的因为水果颜色漂亮，有的因为水果形状可爱，有的因为水果味道甜美。这些都是水果的特点(板书：特点)，今天我们就来抓住水果的特点，来介绍一下自己喜欢吃的水果。

2. 师：你们都有喜欢吃的水果，老师也有喜欢吃的水果。（出示实物：香蕉)

3. 师：谁想猜一猜老师为什么喜欢吃香蕉？请用"因为(　　)，所以(　　)"回答这个问题。

（教师适时指导规范学生语言）

4. 师：同学们简直就是我的知音。我也想和同学们交流一下我为什么喜欢吃香蕉。

（教师示范：它弯弯的，像月牙，又像小船。它穿着淡黄色的外衣，显得十分可爱。把它的外皮轻轻剥下来，露出奶白色的果肉，我忍不住轻轻地咬上一口，软乎乎、甜滋滋的，叫人吃了还想吃。听说香蕉还有美容的作用呢！我太喜欢吃香蕉了。你们也来尝一尝吧!）

5. 师：老师说的和刚才同学们说的都抓住了香蕉的特点，但是有什么不一样呢？你更喜欢谁的介绍呢？介绍水果的时候一个特点一个特点按顺序介绍，这样说话有条理，又很有趣。

6. 师：在小组里练习抓住水果的特点介绍自己喜欢吃的水果，一会儿请你到前边来介绍，让同学们猜一猜你喜欢吃的水果是什么。

7. 词语加油站。教师为学生准备了一些词语,希望介绍水果时能用上里边合适的词语。

黄黄的	金黄色	黄灿灿	火红的
紫红色	鲜红色	碧绿	绿油油
弯弯的	圆圆的	扁扁的	长长的
心形的	又大又圆	又细又长	
酸甜可口	又酸又甜	酸酸的	
甜滋滋	软软的	脆脆的	

8. 小组进行练习。教师巡视指导。

9. 全班交流。

三、创设情境,介绍水果

1. 师:今天,咱们班里瓜果飘香,简直就是一个水果超市! 现在我们就变身成了水果超市的推销员,把你认为最好的水果介绍给顾客。

2. 师:你觉得想要成功推销最好吃的水果,要说些什么呢? (除了说水果的特点吸引顾客之外,还要说点带鼓动性的话:给您打折、您看这水果多新鲜)

3. 师:请大家练习推销水果。

4. 师:谁来当水果推销员呀? (指名)这么多水果,我都不知道买什么了。小朋友,请问你们这个超市里哪种水果最好吃,你能给我介绍一下吗?

5. 学生介绍,师生共同进行评价,教师对介绍的学生进行鼓励。

6. 师:同学们真是能说会道,如果真到水果超市去帮忙,水果超市一定生意兴隆。

四、课堂总结

师:同学们,今天,我们学会了抓住水果的特点来介绍好吃的水果,还尝试做了水果推销员。水果不仅好吃有营养,还很有趣呢,欢迎同学们走进特殊的水果超市。

总之, 观察无处不在, 如何引导孩子去用心观察, 其实并没有固定的方法，因为生命是鲜活的，他们的生活永远是丰富多彩、千奇百怪的，但是只要我们用心地引导孩子去发现生活中的点点滴滴，感动也好，气氛也罢，终能让孩子燃起对生活的爱。丰子恺先生在《豁然开朗》中写道："你若爱，生活哪里都可爱。你若恨，生活哪里都可恨。你若感恩，处处可感恩。你若成长，事事可成长……"只有用心去爱这个世界的人，方能对一株盛开的野菊花欣然微笑。

出版人 李 东
项目统筹 杨 巍
责任编辑 杨建伟
版式设计 刘 莹 沈晓萌
责任校对 张 珍 刘 婧
责任印制 叶小峰

图书在版编目（CIP）数据

观察·阅读·写作：小学作文整体教学与思维训练 /
马芯兰主编.—北京：教育科学出版社，2016.7（2018.7重印）
（脑科学·思维·教育丛书）
ISBN 978-7-5191-0358-3

Ⅰ.①观… Ⅱ.①马… Ⅲ.①作文课—教学研究—小
学 Ⅳ.①G623.242

中国版本图书馆CIP数据核字（2016）第018137号

脑科学·思维·教育丛书
观察·阅读·写作——小学作文整体教学与思维训练
GUANCHA·YUEDU·XIEZUO——XIAOXUE ZUOWEN ZHENGTI JIAOXUE YU SIWEI XUNLIAN

出版发行	教育科学出版社			
社 址	北京·朝阳区安慧北里安园甲9号	市场部电话	010-64989009
邮 编	100101	编辑部电话	010-64981151
传 真	010-64891796	网 址	http://www.esph.com.cn
经 销	各地新华书店			
制 作	北京金奥都图文制作中心			
印 刷	保定市中画美凯印刷有限公司			
开 本	165毫米×239毫米 16开	版 次	2016年8月第1版
印 张	14.5	印 次	2018年7月第3次印刷
字 数	181千	定 价	35.00元

如有印装质量问题，请到所购图书销售部门联系调换。